LE RACISME N'EXISTE PAS !

- ESSAI –

AVANT-PROPOS

Il était une fois, dans une petite ville du sud profond des États-Unis, au milieu des années soixante, une famille de Blancs, anglo-saxons, protestants, qui aimaient tendrement leur fils de six ans, Jimmy.

Or, Jimmy avait pris l'habitude de jouer avec un voisin de son âge, Arthur, qui était noir.

Les parents de Jimmy ne voyaient pas cette amitié naissante d'un bon œil. Aussi, lui interdirent-ils un jour fermement de jouer avec des enfants noirs. Jimmy acquiesça sans faire de difficultés.

Quelle ne fut pas leur surprise, le lendemain, de le voir jouer de nouveau avec Arthur.

« Pourquoi nous as-tu désobéi, Jimmy ? lui demanda son père le soir venu. Tu ne devais plus jouer avec des enfants noirs, et nous t'avons vu aujourd'hui encore jouer avec Arthur !»

Après un moment de réflexion, Jimmy regarda son père avec des yeux pleins de sincérité et répondit : « Je suis désolé, Papa, je ne savais pas qu'Arthur était noir. »

I

Les événements du début de l'année 2015 et leurs effets collatéraux avaient conduit les médias à jeter une lumière crue sur l'expression du racisme en France, à travers la question de la banalisation de la parole raciste.

Il en est résulté que, à l'approche des élections municipales et régionales, les candidats des diverses politiques ont été tentés par deux stratégies contradictoires :
- pour les uns, utiliser l'antiracisme comme catalyseur de la mobilisation de leur électorat traditionnel, tenté par l'abstention ;
- pour les autres, flatter les sentiments racistes ou supposés tels de leurs électeurs pour leur permettre de se différencier de leurs rivaux, tout en évitant de trop parler de leurs programmes aux thèmes insuffisamment fédérateurs.

S'il y a peu à dire sur la mise en œuvre du second type de stratégie, reconnue aujourd'hui par tous les partis comme totalement contraire aux principes républicains [1], le premier type de stratégie mérite une analyse plus fine, tant ses effets collatéraux sont perçus comme inoffensifs par l'opinion publique et les médias, y compris ceux qui n'y voient en fin de compte qu'une grossière manipulation politique. Pourtant, il y avait là une belle opportunité pour que soit ouvert sérieusement le débat sur le bon usage de l'antiracisme, qui est de plus en plus valorisé en tant qu'argument de campagne efficace auprès de la jeunesse, principalement urbaine, auprès des cadres moyens et supérieurs, ainsi que auprès des

---

[1] Ce n'était pas le cas sous la IIIème et la IVème République notamment, du fait des conquêtes coloniales, puis des effets pervers d'une décolonisation erratique et douloureuse. La Vème République a achevé de passer le « rasoir d'Ockham » en laissant l'Algérie acquérir son indépendance, au prix du sacrifice des pieds-noirs et, surtout, des harkis.

« catholiques zombies », pour reprendre le fameux concept forgé par Emmanuel Todd et Hervé Le Bras [2]. Bien au contraire, les deux campagnes électorales ont été menées sans que personne n'ose mettre en doute franchement la légitimité politique de cet argument, et on a fait notamment l'impasse sur le ressenti de ceux qui, de par leur origine, sont les premières victimes de ce à quoi cet argument est censé répondre : le racisme au sein de la société. Ceux-ci se sont donc, en quelque sorte, retrouvés mobilisés comme fantassins dans un débat électoral, où les moindres mots des acteurs politiques étaient scrutés pour vérifier si, par hasard, ils ne connotaient pas une pensée raciste. Ainsi, lorsqu'un candidat aux régionales a accusé son adversaire de « défendre en creux Versailles, Neuilly et la race blanche »[3], aucune des associations antiracistes « de référence » (SOS racisme, CRAN, MRAP, LDH, LICRA, UEJF, …) n'a manifesté de réticence notable à cet emploi de la notion de « race », qu'ils ne reconnaissent pourtant pas, ni sur l'association des villes de Versailles et de Neuilly-sur-Seine à « la race blanche », comme s'il était normal que ces deux villes soient considérées de facto comme des « communes confédérés »[4] de la République française. La lutte contre les propos et les actes racistes a été totalement absorbée par l'antiracisme politique, dont les militants ne se rendent même pas compte qu'ils contribuent à transformer des victimes en otages : redoutable double peine ! Petit à petit, on dérive vers un état où le racisme n'existe que là où les associations antiracistes le voient. Le raciste ne se définit plus à partir de ce qu'il dit ou qu'il fait, mais en fonction du certificat de bonne conduite que lui délivre l'antiraciste. Redoutable pouvoir ! Car s'il permet de faire et de défaire les réputations, il soumet ses détenteurs à l'obligation de se concerter, en premier lieu pour ne pas entrer dans une concurrence destructrice à terme, en second lieu pour s'opposer à l'arrivée de nouveaux entrants, désireux de se faire une place sur le marché des bons sentiments [5], et en troisième lieu pour éviter de nuire à l'image des membres de leur famille élargie qui se seraient malencontreusement laissés aller à tenir des propos condamnables selon leur propre jurisprudence [6]. Il en résulte une

[2] Cf « Le Mystère français » - 2013

[3] Interview pour « l'Obs » de Claude Bartolone, le 9 décembre 2015.

[4] À l'image des États confédérés esclavagistes américains à l'aube de la guerre de sécession.

[5] Ainsi les associations en place se sont longtemps opposées à l'arrivée dans leur « pré carré » du CRAN (Conseil Représentatif des Associations Noires), sous des prétextes divers –refus d'un supposé communautarisme noir, critiques du concept même « d'associations noires », etc. - de la même façon qu'ils se sont penchés sur le berceau des associations de lutte contre l'islamophobie avec autant d'enthousiasme que la méchante fée dans « La Belle au bois dormant ».

confusion dans l'esprit du citoyen, qui finit par ne plus savoir où se situe la frontière entre l'humour et la blague raciste, entre le « politiquement correct » et le « politiquement incorrect » [7], ou encore entre la promotion de la diversité, souhaitée par la plupart des citoyens, et les quotas ethniques, rejetés par les mêmes [8]. L'instrumentalisation de l'antiracisme devient alors le principal obstacle à une réflexion rationnelle sur la réalité du racisme moderne, à l'image de celle que la philosophe Hannah Arendt avait eu le courage de mener dans son ouvrage « Sur l'antisémitisme », au début des années cinquante, alors que l'horreur de la révélation toute récente du phénomène concentrationnaire rendait sulfureuse toute tentative d'analyse de ses causes et de son origine. Les victimes elles-mêmes étaient réticentes à évoquer, longtemps après la fin de la guerre, les atrocités qu'elles avaient subies ou auxquelles elles avaient assisté, ainsi que le comportement de certains d'entre eux dans des circonstances où les impératifs de survie l'emportaient parfois sur l'empathie.

L'objet du présent essai est d'abord d'appréhender les caractéristiques de la perception du racisme après-guerre en France pour mieux comprendre son évolution depuis la fin de la période des « Trente Glorieuses » (chapitre II). Il s'agira ensuite d'aller au-delà du « signifié » et de ses métamorphoses pour analyser plus au fond les principales « représentations » sociopolitiques [9] du même « signifiant », qu'on tentera de caractériser (chapitres III et IV). Jusqu'au chapitre de conclusion (chapitre IV), **le racisme ou l'antiracisme seront définis comme un comportement**

---

[6] L'humoriste Anne Roumanoff avait maladroitement imité Christiane Taubira, ministre de la justice d'origine guyanaise, en prenant pour ce faire un accent plutôt africain, en avril 2014. Après un début de polémique, elle n'a échappé au lynchage médiatique que grâce au soutien, entre autres, de SOS Racisme, qui a attesté son « engagement antiraciste sans faille ».

[7] À la télévision, il convient d'éviter de parler de « Noirs » ou « d'Arabes », alors que le CSA publie régulièrement un « baromètre de la diversité » qui fait état de « personnes perçues comme noires » ou de « personnes perçues comme Arabes ». Dans la rue, les gens n'osent plus parler de « Noirs » et préfèrent employer, selon leur âge et leur milieu, les termes de « black » ou de « renois ».

[8] Dans le contexte du débat qui a agité Hollywood, portant sur l'absence de noirs parmi les nominés aux Oscars, le milieu du cinéma français a fait preuve d'une prudence de Sioux. D'aucuns auraient pu en effet s'étonner qu'aussi peu d'acteurs de la diversité soient nominés aux Césars, les « Oscars français », faisant ainsi de cette cérémonie une parenthèse dans la lutte supposée unanime des professionnels du cinéma contre l'homogénéité de leur propre corporation. Mais la question ne sera pas posée, tant ceux-ci sont effrayés par la seule ombre du spectre des quotas.

[9] Pour éviter toute confusion, il convient d'insister sur le fait que le terme « représentation » n'est pas pris dans son acception stoïcienne, mais dans son sens physico-mathématique. En physique et en mathématiques, une application entre deux espaces peut être représentée par plusieurs matrices, différentes selon les bases choisies au sein de ces espaces. Dit plus simplement, on cherchera à retrouver le corps unique qui se cache derrière les multiples visages présentés par le racisme.

conscient visant respectivement à l'exclusion ou l'inclusion de groupes de populations en fonction de leurs caractéristiques particulières. Cette définition volontairement extensive paraît en effet moins subjective que celle utilisée par la Commission Européenne contre le Racisme et l'Intolérance (ECRI) et reprise le plus souvent dans les rapports de la Commission Nationale Consultative des Droits de l'Homme (CNCDH), même si elle la recouvre largement. Selon la définition de l'ECRI, le racisme est « *la croyance qu'un motif tel que la « race », la couleur, la langue, la religion, la nationalité ou l'origine nationale ou ethnique justifie le mépris envers une personne ou un groupe de personnes ou l'idée de supériorité d'une personne ou d'un groupe de personnes.* ». Tout d'abord, le concept de supériorité n'a pas la même signification selon les domaines d'étude. Dire que, depuis plusieurs décennies, les Noirs sont supérieurs aux Blancs en athlétisme, dans les courses de vitesse et de fond, ne saurait être considéré comme du racisme, mais plutôt comme le constat temporaire d'un fait, sur lequel les sociologues et les scientifiques se penchent depuis longtemps, avec une prudence légitime. Ensuite et surtout, il importe de distinguer ce qui relève d'une simple « croyance », rarement avouable dans les milieux les plus éduqués et pourtant bien présente [10], de ce qui fait sens : la manifestation concrète d'une opinion, par des actes ou par des propos stigmatisant.

---

[10] Plus le niveau de diplôme est élevé, moins le sentiment raciste s'exprime dans les sondages pris en compte par les études sur le racisme. D'où on en déduit trop rapidement que plus on est diplômé, moins on est raciste. Les contre-exemples sont nombreux, y compris parmi les Prix Nobel. On pourrait tout autant en déduire que le niveau de diplôme est un frein à l'aveu du sentiment raciste, un artefact trompeur incrusté dans des analyses trop simplistes.

II

À la Libération, la reconstruction de la France était la priorité des priorités. Aussi, le cadre de l'ordonnance du 2 novembre 1945, qui crée l'Office National de l'Immigration, vise-t-il à accompagner une politique d'immigration durable, en facilitant le regroupement familial et l'acquisition de nouveaux droits, en fonction de la durée de séjour de l'étranger. Pour la première fois, la carte de séjour est dissociée de la carte de travail. L'objectif est de faciliter l'intégration des immigrés, objectif d'autant plus légitime qu'il est le point de convergence d'une tradition d'accueil remontant à la Révolution française [11] et d'une constante politique privilégiant le repeuplement du pays, pour des raisons autant militaires qu'économiques. Cette immigration faisait bénéficier la France d'une main-d'œuvre européenne plutôt qualifiée (Espagnols, Portugais, Polonais et Italiens essentiellement – on comptera 630 000 immigrés d'origine italienne en 1962) et immédiatement utilisable, notamment du fait de sa capacité d'intégration, à l'opposé de la main-d'œuvre issue des colonies, qui vivait mal son déracinement. Incidemment, on notera que, à l'époque, la discrimination ethnique et culturelle entre immigrés, en fonction de leur plus ou moins grande facilité à s'intégrer, n'était pas encore un tabou, car la politique d'immigration relevait d'un pouvoir régalien assumé.

Outre-mer, le processus d'intégration préconisé par le CNR (Conseil National de la Résistance), qui appelait, dans son programme, à une « extension des droits politiques, sociaux et économiques des populations indigènes et coloniales », connaît

---

[11] On pouvait alors impunément attribuer au troisième président des États-Unis d'Amérique, de 1801 à 1809, Thomas Jefferson, la célèbre citation : « Tout homme a deux patries, la sienne et la France. »

des débuts balbutiants et parfois tragiques [12]. Les autorités françaises ont d'autant plus de mal à se projeter dans un avenir sans colonies, que, compte tenu de la défaite de la France en 1940, le seul atout que le général De Gaulle avait pu faire valoir auprès des Alliés durant la guerre avait été « les colonies africaines qui l'avaient rejoint » [13]. La grandeur de la France est encore perçue comme inséparable de celle de son Empire.

L'insurrection malgache de 1947 [14], la guerre d'Indochine, puis celle d'Algérie montrèrent aux Français terrifiés que le prix à payer pour le maintien de l'Empire serait plus élevé qu'ils ne l'avaient au prime abord pensé, bercés de l'illusion que leur pays était un modèle envié partout. Le degré d'empathie pour les populations coloniales baissa d'autant, sous le double effet de l'inquiétude et de la rancœur.

Pour la première fois dans leur histoire, les Français se trouvaient confrontés à des compatriotes de papier, mais pas de cœur. Ils devaient vivre aux côtés de gens qui ne cherchaient plus obstinément à s'intégrer, alors que l'acquisition de la nationalité française avait toujours été synonyme d'assimilation, sinon religieuse, du moins culturelle, l'hommage d'individualités allogènes à leur nouvelle patrie et l'indice de leur volonté à la servir contre ses ennemis s'il le fallait. De facto, les anciens colonisés, principalement des Algériens, devenaient, au contraire, des ennemis intérieurs en puissance. Les citoyens français d'aujourd'hui n'ont aucune idée du climat qui régnait, au début des années soixante au sein de la population, avec la peur d'attentats d'extrémistes musulmans (déjà !), et du regard porté par la grande majorité de la population française sur les Français Musulmans d'Algérie (FMA), comme on les appelait alors. L'image de l'Arabe véhiculée était celle d'un individu au regard fuyant, toujours prêt à dégainer son rasoir. Quand ils étaient impliqués dans des faits divers sordides, quel qu'en soit l'objet, les radios n'hésitaient pas à parler « d'individus de type nord-africain ». Dans les cités populaires, où ils résidaient pour

---

[12] Le 8 mai 1945, des manifestations nationalistes sont brutalement réprimées en Algérie, à Sétif, Guelma et Kherrata dans le Constantinois. Le bilan est évalué à une centaine de morts parmi les Européens et plusieurs milliers parmi les indigènes. Beaucoup d'historiens placent ce drame à la source de la guerre d'Algérie.
[13] Dixit Raymond Aubrac dans le livre co-écrit avec Benoît Hopquin et Renaud Helfer-Aubrac : « Passage de témoin » paru en 1961 chez Calmann-Levy.
[14] En avril 1947, un soulèvement, qui avait été accompagné de massacres de colons français et de Malgaches non indépendantistes, fut férocement réprimé. Le bilan a été évalué à plusieurs dizaines de milliers de morts.

la plupart, les « Nord-Africains » subissaient toutes les insultes, « ratons » et « bicots » étant les moindres, et avaient peu d'espoir d'éviter les blagues racistes de leurs voisins [15]. Leurs enfants n'étaient pas épargnés à l'école, malgré la présence d'un corps enseignant, dont la vigilance était d'un niveau variable, compte tenu du contexte politique tendu, de la faible résilience de l'opinion publique et de la présence parfois en son sein d'anciens militaires au titre des emplois réservés. Ce climat général permit l'imposition en France d'un couvre-feu visant les seuls Nord-Africains en octobre 1961, qui dégénèrera le 17 de ce même mois, à l'occasion de la manifestation pacifique organisée par les Algériens de France. La police se livrera alors à une « ratonnade officielle », qui fera des dizaines de morts.

Effet indirect de la guerre d'Algérie, plusieurs milliers de « pieds-noirs » s'installent en Corse, sur des terres issues du remembrement, lesquelles avaient été promises aux insulaires. Pour les exploiter, ils font venir des travailleurs maghrébins, qui seront considérés par la population corse comme des « outils de leur spoliation ». Cette situation renforcera le mouvement autonomiste, puis indépendantiste, notamment après les événements d'Aléria [16]. C'est le début de l'émergence du ressentiment raciste contre ceux qu'on désigne sous le terme générique « d'Arabes », dans une île jusqu'alors plutôt préservée de ce type de comportement.

À la même période, des Antillais et des Réunionnais sont invités à venir travailler en France métropolitaine, principalement aux PTT ou sur les chaînes de montage de Renault. Ils sont réputés être plus mobiles, du fait de l'éloignement de leurs racines familiales, à une époque où le prix du billet d'avion est hors de portée de leur bourse, et surtout plus dociles que les travailleurs métropolitains, fortement syndiqués. Cette émigration de travail deviendra progressivement une migration de peuplement du fait du regroupement familial. Ces Français « à 100% » iront rejoindre le flot des travailleurs immigrés dans les banlieues des grandes villes, en raison tout autant de leur isolement ethnique que de la faiblesse de leurs revenus, quel que soit par ailleurs

---

[15] Ironie du sort, doublée d'un manque d'imagination de leurs auteurs, ces blagues n'étaient d'ailleurs souvent qu'un recyclage paresseux de celles qui stigmatisaient les membres de la communauté juive avant-guerre.
[16] En juillet 1975, un groupe d'autonomistes Corses occupent par la force la propriété d'un viticulteur pied-noir. Deux gendarmes seront tués lors de l'assaut et un autonomiste grièvement blessé.

leur niveau d'éducation. L'incompréhension sera telle parmi ces nouveaux migrants qu'ils assimileront rapidement à la traite négrière le système mis en place par le BUMIDOM (Bureau pour le Développement des Migrations dans les Départements d'Outre-Mer) [17] pour les faire quitter leurs îles, même si ce dernier n'a été responsable, jusqu'à sa suppression en 1982, que de la moitié de l'émigration d'outre-mer. Ils auront connu une double déception : d'une part, leur vie quotidienne n'avait rien à voir avec celle qu'on leur avait promise, alors même qu'ils se trouvaient privés du soutien affectif de leurs proches [18] ; d'autre part, le traitement discriminatoire dont ils étaient victimes, dans leurs vie professionnelle comme dans leur vie privée [19], et contre lequel ils n'avaient pas été prévenus, les incitaient à se réfugier dans un enfermement communautaire, quand il ne réveillait pas la violence enfouie dans leur inconscient collectif du fait d'une histoire tourmentée [20]. Cherchant les causes de ce vécu douloureux, ils oscillaient entre auto-culpabilisation, ressenti honteux de leur échec à s'intégrer dans une société développée [21], et rébellion souvent stérile, en cédant à l'extrémisme politique, voire à la délinquance. L'auto-culpabilisation était tout de même la réaction la plus fréquente, car elle était favorisée par le fait que, dans l'imaginaire antillais, la gradation des couleurs de peau est reliée à la plus ou moins grande proximité de l'état africain originel. Les métis sont ainsi réputés plus intelligents et plus civilisés que les « Noirs congos » (catégorie d'individus dont la peau est la plus sombre et qui sont considérés, à tort, comme étant plus génétiquement plus proches des Noirs d'Afrique, et, par conséquent, moins bien éduqués que le reste de la population). La parenthèse du BUMIDOM a donc eu des conséquences contradictoires. Elle a favorisé les échanges humains entre la France métropolitaine et ses territoires ultramarins, faisant entrer ceux-ci dans le processus de mondialisation et dans la société consumériste. Mais elle a considérablement aggravé, au sein des populations ultramarines, le complexe

---

[17] Le BUMIDOM encourageait la venue des Antillais-réunionnais en leur facilitant notamment l'accès au logement, mais aussi en leur présentant sous un jour le plus favorable possible leur vie future loin des leurs.

[18] Le seul moyen de communication était le courrier ou la visite de leur famille, à une époque où les liaisons téléphoniques DOM-métropole étaient hors de prix.

[19] Au moins jusqu'au milieu des années 70, le service chargé de loger les agents des postes et des télécommunications acceptait et traitait en toute discrétion les annonces des propriétaires désireux de ne pas avoir de locataires « non blancs ».

[20] Cf Errol Nuissier : « Les violences dans les sociétés créoles » - Caraïbéditions, 2014.

[21] Les Antillais-Réunionnais qui revenaient de métropole préféraient le plus souvent attribuer au froid leurs difficultés à s'adapter à la société métropolitaine, afin d'éviter de parler de leurs causes sociales, par honte ou par crainte de ne pas être crus.

d'infériorité hérité de l'histoire de l'esclavage et de la colonisation. Cette tension entre le désir et le possible est encore aujourd'hui le principal frein psychologique au développement de la plupart des régions d'outre-mer.

La crise économique de 1974, date à partir de laquelle la croissance française a commencé à sérieusement fléchir, a progressivement modifié le regard des autochtones sur les allogènes [22]. La montée progressive du chômage a donné le sentiment aux premiers que leur présence des seconds n'était plus nécessaire, voire qu'elle était nocive « parce qu'ils prenaient les emplois des Français ». Une faille s'est ouverte dans le consensus sur l'inéluctabilité de l'assimilation de ces populations, y compris via le métissage [23], ainsi que sur son caractère positif. C'est dans ces années-là que Michel Sardou, artiste très populaire, chante « Le temps des colonies », reflétant tout autant la nostalgie des Français pour leur Empire perdu que l'acceptation par ceux-ci de la décolonisation. Cette chanson, qui était une simple réminiscence de « Ya bon, Banania ! », suscita de virulentes critiques [24], alors qu'elle ne faisait que marquer la fin d'une époque et le commencement d'une autre. Le bon indigène va devenir l'immigré mal accepté, dès qu'il aura quitté son Afrique natale. Les Français ne sentiront plus l'empathie qu'ils éprouvaient pour lui « Au bon temps des colonies. », lorsqu'il servait la grandeur de la France et son économie. L'immigré devient un orphelin de l'Empire, un invité de passage qui s'incruste pour profiter de l'État Providence que le peuple français a bâti au fil des années de l'Après-guerre.

À partir de ce terreau historique, les années quatre-vingts vont voir l'irruption sur la scène politique de la question du racisme.

Jusqu'alors, cette problématique n'avait concerné en France que la communauté

---

[22] Cette classification n'a aucun caractère de scientificité. Une grande partie de la population française est d'origine immigrée. Mais elle reste commode pour éviter de parler de « Français de souche » ou de Blancs, d'une part, d'Arabes et de Noirs, d'autre part. Ou alors, il faut forger des concepts ad hoc, tel celui de « personnes perçues comme non blanches » utilisé par le CSA pour promouvoir la diversité. Or, les Français ne rangent pas dans le « même panier » les originaires d'Afrique noire, les Maghrébins, les Syriens, les Iraniens, les Turcs ou les Roumains, par exemple, et ceux-ci ont, de leur côté, une perception bien différente de la catégorie dont ils relèvent.
[23] Un chanteur, alors à la mode, a bien traduit la pensée de la grande majorité de ses concitoyens en avouant publiquement « qu'il n'aimerait pas que sa fille sorte avec un Noir. »
[24] « Le fascisme n'est pas passé et Sardou va pouvoir continuer à sortir ses sinistres merdes à l'antenne. » était-il écrit dans le journal Libération, le 12 mars 1976.

juive. Celle-ci était traditionnellement victime de l'antisémitisme social, hérité de l'histoire du peuple juif, peuple sans racines terrestres depuis la destruction du second Temple de Jérusalem par les Romains, mais avec des branches dans tous les pays. Compte tenu des interdits professionnels qui limitaient leur champ d'activité (l'artisanat et le commerce de détail leur ont été longtemps interdits), ses éléments les plus dynamiques avaient investi le secteur lucratif de la fourniture des armées, celui du prêt à intérêt, immoral pour les catholiques, ainsi que les professions intellectuelles. Leur situation de parias, citoyens d'aucun pays, constituait alors un atout, car elle leur permettait de tisser un réseau international sans encourir le risque d'être taxés de trahison envers le royaume qui les hébergeait. Dans son ouvrage « Sur l'antisémitisme », Hannah Arendt décrit avec une grande acuité la façon dont ils avaient su se rendre indispensables auprès des Cours européennes. Après avoir été l'une des raisons de la méfiance qu'ils inspiraient, leur cosmopolitisme était devenu une garantie sur le plan diplomatique comme sur le plan financier. Hannah Arendt rapporte les propos attribués en 1871 à Bismarck, l'homme fort de l'Europe, qui venait de mettre la France de Napoléon III à genoux. Le financier Bleichröder, qui était juif, lui avait fourni cinq ans auparavant les crédits qu'il réclamait sans succès au Parlement pour mener la guerre austro-prussienne. Ce n'était que justice qu'il lui « renvoie l'ascenseur », en lui confiant le rôle le plus actif qu'il soit dans les négociations franco-allemandes, en ces termes : « Tout d'abord, il faut que Bleichröder aille à Paris, qu'il rencontre ses collègues juifs et qu'il en discute [de l'indemnité de guerre de cinq milliards de francs] avec les banquiers. ». Ce même cosmopolitisme leur sera fatal, lorsque les États- nations s'affirmeront à la fin du XIXème siècle. Dans la mesure où les Juifs étaient supposés être plus internationalistes que nationalistes, l'exaltation du patriotisme se fera d'autant plus à leur détriment, que le poids de leur influence, au demeurant exagéré, perdait de sa légitimité avec le développement des banques d'affaires non juives, qui ne voulaient plus laisser le gâteau de la dette publique aux Rothschild, Fould, Stern et autres Erlanger [25]. L'antisémitisme social explosera en un antisémitisme politique avec l'affaire Dreyfus à la fin du XIXème siècle. L'instauration de la République n'était pas assez ancienne (une génération seulement) pour qu'elle soit considérée comme

---

[25] Sur la haute banque en France au XIXème siècle, cf, par exemple, l'article de Nicolas Stoskopf, de l'université de Haute-Alsace, en date du 11 novembre 2009 : « Qu'est-ce que la haute banque parisienne au XIXème siècle ? », qui reprend une communication à la Journée d'études sur l'histoire de la haute banque.

inattaquable par ses adversaires, les derniers monarchistes, bien sûr, mais surtout l'Église catholique et l'armée, idéologiquement liée à ces forces politique et, de surcroît, farouchement opposée à l'entrisme juif au sein de ses officiers. Or, Alfred Dreyfus était le premier Juif à entrer à l'État-major. Il n'était donc pas surprenant qu'une fausse accusation d'espionnage au profit de l'Allemagne fût lancée contre lui. Dans un contexte où les cendres du scandale de Panama étaient encore chaudes [26] et où la blessure de la perte de l'Alsace et de la Lorraine était loin d'être refermée, il n'en fallait pas plus pour déclencher un affrontement d'une décennie entre les forces en présence. L'affaire Dreyfus, en dépit de sa conclusion peu glorieuse (cassation sans renvoi du jugement condamnant Dreyfus), se termina par une victoire politique des républicains, face à l'armée et à l'Église, mais une défaite de la communauté juive, désorientée par son manque de compréhension des enjeux non judiciaires de l'affaire, incapable de se défendre face au déchaînement de haine qui l'accabla durant ces longues années [27] et plus que jamais exposée à l'antisémitisme, devenu à la fois social et politique. En 1931, Georges Bernanos, écrivain catholique très proche alors d'Edouard Drumont, publiera son premier pamphlet, « La Grande Peur des bien-pensants », dans lequel, avec une lucidité tragiquement paradoxale, il qualifie l'antisémitisme de « grande pensée politique ». Deux ans plus tard, dans l'Allemagne voisine, Adolf Hitler accèdera au pouvoir par la voie démocratique.

Mais si la révélation de l'horreur inimaginable de la Shoah a mis un terme provisoire, en France et dans la plupart des pays européens, à l'antisémitisme politique, les autres formes d'expression racistes ont, elles, continué à prospérer, mettant à profit la persistance de la crise économique, les difficultés de l'insertion sociale des travailleurs immigrés, qui se sont accrues du fait du regroupement familial, l'angoisse sociale et identitaire d'une partie croissante de la population et la montée du sentiment d'insécurité dans les grandes villes et dans les zones péri-urbaines.

La montée du Front national, au début des années quatre-vingts, illustre ce phénomène, dans la mesure où ce parti est celui pour lequel vote le plus fort

---

[26] La Compagnie de Panama avait fait faillite, peu avant « l'Affaire », ruinant un demi-million de créanciers privés. Or, il apparut que des affairistes juifs avaient servi d'intermédiaires pour corrompre la presse, pratiquement tous les hauts fonctionnaires et la moitié des députés, afin qu'ils garantissent les différents emprunts publics de la compagnie.

[27] Cf Hannah Arendt : « Sur l'antisémitisme » - Calmann Levy, 1973.

pourcentage des électeurs qui se reconnaissent comme racistes, même si ce parti déclare rejeter toute forme de racisme. En fait, les propos publics plus qu'ambigus de son leader de l'époque, Jean-Marie Le Pen, et la volonté de privilégier les Français dans l'accès aux prestations sociales et à l'emploi expliquent pour beaucoup cette tendance. Car, à y regarder de plus près, les victimes de son programme n'auraient été alors que les travailleurs étrangers et leur familles, sans distinction de couleur de peau, à l'exception, sans doute, des travailleurs européens en raison des obligations imposées par les traités, mais les immigrés naturalisés, par décision administrative, ou français par filiation, qui composent la plus grande partie des travailleurs étrangers et de leur famille n'auraient connu aucune détérioration concrète de leur statut. Derrière le vote Front national, il était d'usage, avant ses succès aux élections municipales, départementales et régionales de 2014 et 2015, de voir essentiellement un vote de protestation, car il était délicat de qualifier de racistes plusieurs millions de citoyens et de salariés. L'enracinement et le renforcement du Front national dans des communes où il avait des élus et des maires ont montré que ses électeurs étaient loin de céder à la mode du « zapping électoral », en dépit du fait qu'ils avaient expérimenté des gestions locales frontistes. Il faut donc élargir le champ de la recherche pour trouver les raisons de son succès. On s'aperçoit alors que le niveau atteint par le vote Front national est le cri profond d'un peuple que l'évolution du monde terrorise, parce qu'il a le sentiment de son effacement progressif et continu en tant que peuple et que, après l'échec et le repli des utopies du XXème siècle, aucune perspective ne lui est offerte, alors que ses racines ont été brutalement arrachées [28] Ce mélange de désespérance et de désarroi s'ajoute à l'incompréhension des politiques menées depuis une dizaine d'années. L'argument central du Front national – Stop à l'immigration ! – n'en a que plus de force, auprès d'une population qui se sent abandonnée par ses politiques, incapables de prendre une mesure qui lui semble tellement évidente, dans un contexte de crise économique [29]. On relève d'ailleurs, peu ou prou, la même situation dans le reste de l'Union européenne, sous des aspects divers en fonction de l'histoire et de la culture des nations qui la composent, tant il

---

[28] Cf le succès inattendu en 2015 du livre d'Éric Zemmour : « Le suicide français ».

[29] Il apparaît que les politiques n'avaient tiré aucun enseignement des incidents racistes qu'avait connus la France vingt ans plus tôt, en 1973, et dont le bilan a été chiffré à 50 morts et 300 blessés dans la communauté algérienne (cf Yves Gastaut – Revue Européenne des Migrations Internationales, 1993 : « La flambée raciste de 1973 en France »). Le Front national du début des années quatre-vingts est l'adolescent délaissé de ces années-là, parvenu à l'âge adulte.

est vrai qu'aucun peuple ne saurait se résigner à disparaître de plein gré. Après avoir été écrasés à la fin du XIXème siècle, les Indiens d'Amérique du Nord n'ont toujours pas accepté de se dissoudre au sein des États-Unis, pourtant le pays le plus riche et le plus puissant du monde, tant sur les plans économique et financier que sur le plan idéologique. Le peuple juif a survécu à la Shoah, l'un des génocides les plus brutaux et les mieux organisés de l'histoire du monde depuis les débuts de l'ère chrétienne [30] . Si le vote Front national ne répond plus à ce besoin de résister à une disparition, qui peut sembler programmée à beaucoup, dans la mesure où l'immigration apparaît hors de contrôle, il ne faut pas douter que la population trouvera une autre voie d'expression de sa résilience. La Révolution française a permis un transfert du pouvoir de l'aristocratie, surtout des campagnes, vers la bourgeoise, essentiellement urbaine. Quand les paysans vendéens ont réalisé qu'ils étaient laissés « sur le carreau », ils en ont déduit que « l'identité profonde des communautés paysannes » était menacée [31].Il s'en est ensuivi une guerre civile des plus cruelles [32], au cours de laquelle l'ennemi n'était plus considéré comme faisant partie de la même « race » et l'opposition entre les « Bleus », défenseurs de la République, et les « Blancs », nostalgiques de la monarchie, a revêtu les habits d'une véritable guerre ethnique. Quand un peuple considère qu'il n'a plus rien à perdre, on peut attendre de lui les actions les plus glorieuses comme les actes les plus abominables.

Aujourd'hui, on constate que la révolution informationnelle, comme toute révolution technologique, abaisse les coûts de certains produits de grande consommation, dont la production nécessite de moins en moins de bras, mais accroît ceux de la recherche-développement, qui doit mobiliser de plus en plus de cerveaux. Le mode de production des sociétés développées repose sur un paradigme qui n'impulse pas une nouvelle croissance, comme cela avait été le cas par le passé. Dans un article du début de l'année 2016, produit dans le cadre d'une recherche financée par la Japan Society for the Promotion of Science, le professeur d'économie de l'université de Tokyo, Kiyohiko G. Nishimura, ancien sous-gouverneur de la banque du Japon,

---

[30] Ironie de l'histoire : le doyen de l'humanité en mars 2016 était un Juif israëlien, survivant du camp de concentration d'Auschwitz.
[31] Cf « La République jacobine, Terreur, guerre et gouvernement révolutionnaire 1792-1794 » dans « Nouvelle histoire de la France contemporaine » - Le Seuil, 1972.
[32] Dans son livre « Les guerres de Vendée » - Robert Laffont, 2009 – Émile Gabory rapporte que, durant la phase de la Terreur angevine, une tannerie de peau humaine avait été établie et 32 personnes avaient été écorchées pour faire des culottes de cavalerie.

constate avec pessimisme que « de nombreuses économies sont dans une phase de transition en vue de restaurer l'efficacité du marché du travail face au fort impact des TIC, omniprésentes et défavorables à l'emploi » [33]. Parallèlement, la fonction de production se complexifie et exige un travail de plus en plus coopératif et de moins en moins tolérant vis-à-vis des défauts et des imperfections des biens produits. L'organisation des entreprises modernes a été revue en fonction de ces impératifs, avec leur éclatement en petites unités, plus adaptables, et leur internationalisation, qui vise à les rapprocher de leurs marchés. Mais l'organisation des pouvoirs au sein des États comme le fonctionnement de la démocratie représentative ont fondamentalement peu évolué depuis la fin du XIXème siècle. Alors que les sondages permettent de prendre le pouls des sociétés en temps quasi réel, les gouvernements s'en tiennent paresseusement au rythme des élections parlementaires ou présidentielles, beaucoup trop lent lorsqu'il s'agit de mobiliser les énergies vers une nouvelle orientation politique, dans un environnement international de plus en plus mouvant et de plus en plus prégnant. D'où une évolution contrastée des taux de participation électorale, car les citoyens se rendent compte que les élus n'ont que peu de prise sur le futur des nations, lequel dépend de leur imbrication dans la mondialisation socio-économique en cours. À tel point que les électeurs ne s'attendent plus à ce que les candidats, une fois élus, tiennent leurs promesses électorales, voire espèrent souvent le contraire. Car ce qui leur est demandé, c'est de faire un choix intelligent et rapide, lorsqu'une alternative se présente qui engage l'avenir du pays. Et ces alternatives sont de moins en moins prévisibles.

Dans leur ensemble, les systèmes politico-étatiques constituent une entrave au développement de la « mondialisation » d'après-guerre, dont on situe ordinairement le commencement au début des années soixante-dix, avec la fin des taux de change fixes et de la convertibilité du dollar en or, sur lesquels reposait le système monétaire de Bretton Woods. Certes, les gouvernements essaient de réagir depuis une vingtaine d'années, avec la mise en place d'institutions économiques supranationales, comme l'Union Européenne ou l'OMC, et la conclusion de traités régionaux, tels l'ALENA [34] ou le MERCOSUR [35]. Ces accords internationaux, auxquels il faut ajouter les

---

[33] Cf Revue d'économie financière de mars 2016 : « Trois changements sismiques dans l'économie mondiale et leurs enjeux de politique économique ».
[34] Accord instituant une zone de libre-échange entre les Etats-Unis, le Canada et le Mexique.

rencontres informelles du G7, de l'APEC [36] ou de l'ASEAN [37], vident progressivement la notion de souveraineté nationale de son contenu, tout en préservant ses aspects les plus importants, du point de vue formel, pour les démocraties traditionnelles. C'est sans aucun doute la raison pour laquelle le monde n'a pas connu de conflit international majeur à l'occasion de la troisième révolution industrielle, comme il en avait connu à l'occasion des précédentes. Néanmoins, il est à prévoir que le désintérêt des citoyens pour la démocratie et le développement de pouvoirs économiques supranationaux ne suffiront pas à résoudre la contradiction entre globalisation et démocratie locale. Car les populations vivent dans un cadre local, et ne supportent les pressions externes sur leur quotidien que jusqu'à un certain point. Il ne faut pas chercher ailleurs la montée de la xénophobie et les éruptions de fièvres à connotations racistes dans certains pays, outre la France. L'autre, l'étranger est toujours le symbole d'un monde que nous ne contrôlons pas, d'un mouvement qui nous entraîne, face auquel nous nous sentons impuissants, mais contre les conséquences duquel nous nous insurgeons. Dans un article paru en 2015 [38], Wolfgang Streeck, directeur émérite de l'institut Max Planck pour l'étude des sociétés de Cologne, note que : « […] la mobilité mondiale permet aux employeurs de remplacer des travailleurs locaux récalcitrants par des immigrés consentants. Elle compense aussi la fécondité inférieure au seuil de renouvellement, elle-même due en partie à un changement d'équilibre entre travail rémunéré et non rémunéré et consommation marchande et non marchande. L'affaiblissement des contre-mouvements sociaux qui s'ensuit est lié à une perte de la solidarité de classe et sociale et s'accompagne de conflits politiques paralysants autour de la diversité ethnique, y compris dans des pays traditionnellement libéraux comme les Pays-Bas, la Suède ou la Norvège. » Pour prolonger cette analyse, on ne peut que constater que, dans un contexte où leurs dirigeants se montrent incapables de leur présenter les enjeux auxquels ils doivent faire face et hésitent sur les politiques à suivre, les citoyens sont tentés de se réfugier dans le rêve impossible d'un retour à un passé fantasmé. Dans une démocratie élective, leurs réactions risquent d'être d'autant plus

---

[35] Marché commun sud-américain qui regroupe le Brésil, l'Argentine, l'Uruguay et le Paraguay, et auquel la Bolivie et le Chili sont associés.
[36] Asia-Pacific Economic Cooperation : forum économique intergouvernemental, regroupant des pays riverains de l'océan Pacifique.
[37] Association des nations de l'Asie du Sud-Est : organisation politique, économique et culturelle, regroupant 10 nations de l'Asie du Sud-Est.
[38] « Comment finira le capitalisme », dans « New Left Review » - n°87, mai-juin 2015.

irrationnelles et dangereuses qu'ils sont pleinement conscients de la détérioration d'ensemble de leur situation, sans qu'aucune voix crédible ne porte, pour en dénoncer les causes et proposer des solutions [39].

---

[39] Sur la question emblématique de l'échec de la mobilité sociale, il existe une étude de grande ampleur : « Life Project », portant sur six générations de Britanniques, qui montre que l'école et le travail ont largement échoué à surmonter les handicaps imputables au contexte familial. La journaliste Helen Pearson, qui en a fait l'analyse dans son ouvrage : « The Life Project :The Extraordinary Story of Our Ordinary Lives », constate avec une certaine cruauté qu'elle tend à la société britannique un miroir dans lequel celle-ci n'aime pas se voir.

III

La réaction spécifique de chacune des communautés exposées en France aux propos et attitudes racistes n'est généralement appréhendée qu'à travers le prisme des associations ou des personnalités qui prétendent les représenter. La principale raison à ce paradoxe est à rechercher dans l'absence de statistiques ethniques, propres à asseoir la légitimité scientifique de tout sondage en la matière. Il ne faut néanmoins pas sous-estimer le poids du conservatisme intellectuel qui empêche de voir au-delà d'une perception simplificatrice du débat, laquelle fait reposer celui-ci exclusivement sur une différenciation entre population, dite blanche et « de souche », et communautés généralement noires et maghrébines. On néglige ainsi la communauté chinoise, pourtant l'une des plus importantes à Paris, et on assimile la population antillaise, celle du « 5ème DOM », à la communauté noire, alors qu'elle est française « de souche » [40]. Cette différenciation arbitraire empêche de voir les réelles divisions, voire les fractures, qui ont toujours existé à l'intérieur des populations « non blanches ». Cela ne saurait pourtant étonner que ceux qui ont oublié que l'unité des régions françaises s'est péniblement forgée à travers les siècles, qu'elle est relativement récente et que, jusqu'au milieu du XXème siècle par exemple, originaires d'une région accusant un important retard de développement, les Bretons étaient méprisés par la plus grande partie du reste de la France, d'où la popularité du personnage de « Bécassine ». Il n'est donc pas surprenant que des communautés ayant convergé en France au gré des vagues de la décolonisation et de la mondialisation, sans passé commun, ni perspective d'un avenir partagé, contrairement au modèle américain des XVIIIème, XIXème et XXème siècles, aient,

---

[40] Les Antillais sont français depuis plus longtemps que les Niçois ou les Savoyards par exemple.

sur une période bien plus courte, entretenu leurs particularismes davantage qu'ils ne les ont sublimés.

Car, quand on vit et qu'on travaille dans les quartiers urbains et suburbains, qui concentrent les plus forts pourcentages de populations « non blanches », ce qui frappe, ce n'est pas le racisme qu'elles subissent, dans la mesure où elles se sentent parfois plus chez elles que la population blanche, mais le cloisonnement communautaire, qui transcende largement les oppositions de classe.

Ainsi on ne relève que très peu de lien social entre les populations antillaises, maghrébines et africaines sub-sahariennes, presque pas entre celles-ci et les populations originaires d'Europe de l'Est, et pas du tout entre toutes celles qui précèdent et la communauté chinoise. La barrière de la langue n'explique pas tout, puisque la langue véhiculaire entre communautés demeure le Français, largement parlé, même avec un vocabulaire réduit, notamment dans le cadre commercial et professionnel. Cette étanchéité entre communautés n'est atténuée que chez les jeunes, qui sont encore dans, ou sont passés par le creuset de l'école publique et dont les modes de vie et les goûts musicaux sont largement homogénéisés, essentiellement du fait d'un accès généralisé à internet et à la télévision. Tout le monde s'accommode d'autant mieux de cet « apartheid soft » que chacun est tourné vers sa famille, qu'elle se soit implantée en France, grâce aux mesures de regroupement familial, ou qu'elle soit demeurée au pays, auquel cas la principale préoccupation reste de lui adresser mensuellement le mandat qu'elle attend et qui légitime l'autorité parentale.

Cette absence de lien social, s'il n'entraîne pas mécaniquement de l'antipathie pour l'autre, nuit à toute forme d'empathie, constituant un terreau potentiel pour les préjugés racistes entre communautés. N'importe quel événement trop violent ou suffisamment médiatisé est susceptible de transformer cette « coexistence pacifique » en « guerre froide », voire en affrontement. Ceux qui se sont déjà produits, comme, dans le XIXème arrondissement de Paris, entre Chinois et Maghrébins à Belleville, sur fond de racket, ou entre jeunes issus des communautés juives d'Afrique du Nord et africaines sub-sahariennes, autour de la cité du Danube, sont restées très localisées, car les communautés impliquées ont su réagir à temps pour éviter qu'ils ne dégénèrent. Mais le ressentiment entre communautés s'en est trouvé renforcé, dans la mesure où l'on a éradiqué dans l'urgence quelques pousses sauvages, mais que rien n'a été fait pour s'attaquer à leurs racines, car cela aurait été politiquement trop difficile et peut-être dangereux.

La paresse et la peur, telles sont les deux faiblesses traditionnelles du politique. La paresse, face à la complexité des situations et des procrastinations qui ont conduit à celles-ci, rendant inefficaces les solutions à court terme ; la peur, face aux risques induits par la décision de s'y attaquer, risques en matière d'ordre public ou risque électoral, compte tenu de l'atteinte inévitable portées aux intérêts de forces sociales et économiques sur lesquelles il serait pourtant nécessaire de s'appuyer. Or, l'antiracisme ne relève pas simplement de l'humanitaire ou de la défense des droits universels de l'homme. **L'antiracisme, c'est avant tout de la politique**.

L'exemple étranger le plus édifiant et le plus actuel est celui de l'Afrique du Sud. En toute logique historique, la fin de l'apartheid dans ce pays aurait dû déboucher au mieux sur une spoliation des populations blanches, comme au Zimbabwe, au pire sur une guerre civile. L'intelligence de Nelson Mandela, premier président noir du pays, a été d'anticiper cette issue et, tenant compte du rapport de forces interne et international, de conclure un « compromis historique » avec les forces de l'apartheid. Face aux éléments les plus radicaux de son camp, marqués par les années de domination, de violence et d'humiliation subies, il n'avait pour lui que sa stature morale et la légitimité retirée de ses décennies d'emprisonnement. Face à ceux du camp adverse, il avait le soutien des Afrikaners les plus clairvoyants, soucieux précisément d'éviter une dérive à la rhodésienne [41]. En outre, le monde des affaires était sensible aux pressions extérieures, qui portaient directement atteinte à ses intérêts avec le développement des sanctions économiques. Le thème de la « Nation arc-en-ciel » est la traduction politique de ce compromis. L'antiracisme a ainsi permis de dépasser la contradiction conflictuelle entre groupes ethniques sud-africains, avec pour perspective une relance de l'économie du pays et une stabilisation de la société. Si le programme socialisant de l'ANC a pu être mis sous l'éteignoir, c'est précisément parce que l'antiracisme lui a été substitué comme

---

[41] La résistance des colons blancs a débouché sur une guérilla conduite par Robert Mugabe, laquelle a assis le pouvoir personnel de celui-ci par la suite.

politique. Si l'antiracisme avait été une simple mise en avant d'une valeur universelle, nul doute que l'ANC aurait tenté de mettre en œuvre l'ensemble de son programme, puisque celui-ci était plus que compatible avec celle-là.

Si l'on remonte plus loin dans le temps, les États-Unis de la fin des années soixante offrent un exemple tout autant éclairant de politique antiraciste, avec le premier train de mesures proposé par le président Johnson en faveur de la minorité noire, dès son accession au pouvoir. Hors du bloc soviétique, il n'y avait pas vraiment de pression extérieure contre la discrimination raciale aux États-Unis, dans la mesure où ceux-ci garantissaient la cohésion du bloc occidental face aux ennemis potentiels situés de l'autre côté du rideau de fer. Il n'y avait pas non plus de pression économique, puisque la croissance du PIB américain était solide. La pression était essentiellement interne, donc potentiellement beaucoup plus grave. Les responsables américains redoutaient la convergence du mouvement des droits civiques, en cours de radicalisation, avec la révolte de la jeunesse blanche contre l'escalade militaire au Viêt-Nam. Selon les plus alarmistes, le spectre de la guerre civile n'était pas loin [42]. La politique antiraciste de Lyndon Johnson visait à prévenir ce risque, en favorisant l'émergence d'une bourgeoisie noire. Son succès tient beaucoup au volontarisme qui a présidé à sa mise en œuvre et aux aspirations de la classe moyenne noire à accéder au rêve américain plutôt qu'à le détruire.

Aujourd'hui, la question qui semble posée aux responsables politiques français, à quelque parti qu'ils appartiennent, est donc bien celle-là : doivent-ils continuer à promouvoir l'antiracisme comme une action culturelle, voire humanitaire, qui vient se greffer incidemment sur les autres politiques publiques, ou, compte tenu de la juxtaposition actuelle des communautés et de la mondialisation croissante, faut-il qu'ils en fassent un axe politique en soi, quitte à le sublimer sous la forme la plus adéquate ?

Arrêter son choix sur **la première option** revient à s'appuyer sur une tradition française issue des lumières, selon la formule consacrée [43]. Des valeurs, telles que

---

[42] Dans son film « Nixon », sorti en 1995, Oliver Stone a illustré cette crainte d'un début de guerre à la fois civile et intergénérationnelle, qui a perduré jusqu'à la décision de retrait des États-Unis.
[43] Il faut noter que, à l'exception notable de Diderot, l'antiracisme des philosophes des lumières était parfois ambigu, comme l'atteste « l'essai sur les mœurs et l'esprit des nations » du plus célèbre

l'antiracisme, transcenderaient la politique ; elles seraient universelles et intemporelles. Les gouvernements, dans n'importe quel lieu et à n'importe quelle époque, se devraient de les respecter pour ne pas être rejetés hors de l'humanité, ce qui reviendrait à une sorte d'excommunication laïque. C'est la raison pour laquelle cette mission est confiée à des associations ou des ONG, qui sont censées agir en toute indépendance, en dehors du champ politique, quand bien même elles sont abondamment financées par de l'argent public. Du point de vue de l'objectif recherché, l'inconvénient de cette option est qu'il est permis de douter de son efficacité, face à la résilience des mentalités, au poids de l'histoire et aux effets collatéraux de la crise économique. Le rapport de la Commission Nationale Consultative des Droits de l'Homme (CNCDH) sur la lutte contre le racisme, l'antisémitisme et la xénophobie pour l'année 2015 souligne que le nombre de Français se déclarant racistes, bien qu'en baisse, reste à un niveau élevé (47% de la population) [44]. Pire, depuis 4 ans, le nombre de personnes considérant que toutes les races humaines se valent a baissé de 9 points (57%), alors que 8% des sondés continuent à considérer qu'il existe des races supérieures à d'autres. Parallèlement, pourtant, le nombre de personnes favorables à la lutte contre le racisme est en augmentation (71%). Dans le même ordre d'idées, une note d'analyse de France Stratégie, de février 2016, constate que les originaires des Dom ou du continent africain ont une probabilité sensiblement plus forte d'être au chômage que les personnes sans ascendance migratoire directe. Et pourtant, la quasi-totalité des sondés, dans le cadre du rapport de la CNCDH, jugent qu'il est grave de refuser l'embauche d'une personne qualifiée pour un poste en raison de ses origines ethniques (plus de 84% en 2014). **Il y a donc un double phénomène de prise de conscience du caractère « immoral » du racisme et de persistance, voire de progression, des sentiments racistes [45]. Le combat contre le racisme au nom des valeurs universelles semble ainsi atteindre ses limites.**

En outre, l'antiracisme sur une base morale présente l'inconvénient de faire passer au

---

d'entre eux, Voltaire.
[44] L'humoriste Coluche, qui prétendait « qu'il y avait quand même moins de racistes que d'étrangers en France », se voit là opposer un sévère démenti posthume.
[45] La progression du racisme est pour certains sujette à débat, si l'on se réfère à l'évolution favorable, notamment en 2015, de « l'indice longitudinal de tolérance », qui est un indicateur composite mis en place par la CNCDH.

second plan les conséquences d'un racisme structurel et institutionnel, le fameux « plafond de verre », qui freine l'accession aux postes de responsabilités des populations qui en sont victimes, dans le secteur privé comme dans le secteur public, ainsi qu'à la représentation médiatique. La note d'analyse de France Stratégie précitée relève ainsi que la discrimination qui frappe les originaires des DOM ou du continent africain dans l'accès à l'emploi est encore plus marquée si l'on compare les niveaux salariaux à postes équivalents, avec une aggravation significative depuis la crise économique de 2008. La comparaison avec la Grande-Bretagne est à cet égard frappante, tant ce pays a su mener une réelle politique d'intégration bien plus pragmatique qu'idéologique.

Face à ce constat d'échec, les antiracistes les plus radicaux proposent d'aller plus loin en criminalisant davantage non seulement les actes, mais aussi les propos à connotation raciste.

Or, beaucoup d'intellectuels et de simples citoyens redoutent le danger qu'un renforcement supplémentaire des lois Pleven [46], Gayssot [47] et Taubira [48], qui sont toujours les lois de référence en la matière, ferait peser sur la liberté d'expression et de pensée [49]. Leurs craintes reposent autant sur une analyse politique que sur les avanies qu'ont subies certains historiens, soit en raison de leurs recherches, comme Jean-François Niort, qui a été accusé de révisionnisme et menacé à la suite de la publication en 2015 de son ouvrage : « Code noir. Idées reçues sur un texte symbolique », soit en raison des points de vue qu'ils ont exprimés, comme Olivier Pétré-Grenouilleau, qui a été poursuivi en 2005 pour contestation de crime contre l'humanité à la suite d'un entretien accordé au « Journal du dimanche » le 12 juin 2005, dans lequel il contestait l'emploi du qualificatif de génocide pour désigner l'esclavage et la traite des Noirs. Tous deux ont eu la chance d'être soutenus par

---

[46] La loi Pleven, votée à l'unanimité en 2012, interdit la provocation à la haine, à la violence, à la discrimination, ainsi que la diffamation et l'injure envers une personne ou un groupe de personnes en raison de leur appartenance à une ethnie, une nation, une race ou une religion donnée.
[47] La loi Gayssot, votée en 1990, renforce la loi Pleven et crée dans l'arsenal juridique français le délit de contestation de crime contre l'humanité.
[48] La loi Taubira, votée en 2001, vise à reconnaître la traite et l'esclavage en tant que crime contre l'humanité.
[49] Cf notamment les ouvrages d'Ulysse Korolitski : « Punir le racisme ? Liberté d'expression, démocratie et discours racistes » - Éditions du CNRS, 2015-, et d'Anastasia Colosimo : « Les bûchers de la liberté » - Éditions Stock, 2015.

leurs pairs, évitant ainsi un lynchage médiatique et politique dont ils ne se seraient sans doute pas relevés. Il n'en aurait pas été de même s'ils avaient été suspectés d'entretenir des relations douteuses avec, par exemple, des historiens maudits par la doxa. L'intolérance intellectuelle, dont les flots sont grossis par la fonte des glaciers de la pensée politique, a ouvert des brèches dans la digue qui protège la communauté des citoyens des atteintes à sa liberté d'expression. La limitation de la liberté de pensée par l'autocensure annonce déjà l'étape suivante.

Par ailleurs, l'histoire montre que la criminalisation de formes de pensée, rationnelles ou magiques, n'atteint que rarement ses buts sur le long terme. La conversion des barbares à la religion chrétienne, aux IVème et Vème siècles, a fait beaucoup plus pour assurer l'hégémonie de celle-ci que les persécutions auxquelles se sont livrés les empereurs romains fraîchement convertis contre les adeptes du paganisme [50]. Inversement, malgré des millions de morts et un opprobre universel, le nazisme n'a pas été éradiqué trois-quarts de siècle après la seconde guerre mondiale dans beaucoup de pays, y compris dans celui qui l'a vu naître et qui fait partie de ceux qui en ont le plus cruellement souffert, sans avoir été en situation de poser au moins sur ses plaies le baume de la victoire. En fait, tout se passe comme si la criminalisation de la pensée et de la parole avait pour seul effet d'inciter une partie de la population à se réfugier dans le silence et dans l'attente de jours meilleurs, ce qui constitue pour sa frange la plus radicale le premier acte de la résistance. La criminalisation du racisme est un lit de Procuste que même l'idéologie la plus fruste a tôt fait de transformer en berceau des martyrs.

La deuxième option n'a que très peu été explorée en France [51]. Elle exige une analyse rigoureuse et non-conventionnelle du phénomène raciste en France, qui est très difficile en l'absence - encore une fois - de statistiques ethniques.

---

[50] Cf Edward Gibbon : « Histoire du déclin et de la chute de l'empire romain » - Robert Laffont, 1983-, en particulier son analyse de l'action théologique de l'empereur Justinien. Incidemment, on en déduira que les atteintes aux libertés de pensée et d'expression finissent toujours par frapper ceux qui n'étaient pas initialement visés, mais qui deviennent à leur corps défendant des cibles collatérales. Ainsi en a-t-il été des chrétiens, dits hérétiques, et des Juifs quand les catholiques ont voulu imposer le monopole de leur emprise sur les esprits.

[51] On citera, à titre d'illustration, le débat sur l'identité nationale, que l'ancienne majorité avait essayé très timidement de lancer, sur la base du programme électoral du président Sarkozy, mais qui a été perçu par beaucoup comme une porte ouverte à la parole raciste et xénophobe et non comme une volonté politique de dépasser la contradiction irréductible entre intégration et communautarisme.

Car, en dépit de leur utilité incontestable, des rapports comme ceux produits annuellement par le CNCDH souffrent d'un biais fondamental, évoqué plus haut. En faisant porter l'éclairage sur l'opposition entre population, dite blanche et « de souche », et communautés généralement noires et maghrébines, ils excluent de l'analyse la conflictualité à connotation raciste, latente et réelle, entre communautés antillaises, maghrébines, africaines sub-sahariennes, originaires d'Europe de l'Est et chinoises. Le diagnostic des responsables en charge de la lutte contre le racisme étant biaisé, on peut douter de l'efficacité de la thérapeutique qu'ils seront amenés à proposer. Par exemple, dans les 14% de sondés qui croient à l'inégalité entre les races, selon le rapport du CNCDH de 2014, c'est-à-dire ceux qui se réclament du racisme biologique, noyau dur du concept de racisme, quelle est la part des originaires d'Asie, où l'enseignement et la recherche académique ont tendance à rejeter l'hypothèse admise par la quasi-totalité des ethnologues et paléontologues d'un berceau commun de l'humanité situé en Afrique ? Quelle est la part des originaires d'Afrique sub-saharienne, où le rattachement à une ethnie est capital, avec souvent pour corollaire un mépris racial pour une ethnie concurrente ? Est-ce que la croissance de ce chiffre entre 2012 et 2014, par exemple, ne serait pas liée davantage à un changement de la composition ethnique de l'échantillon représentatif (population métropolitaine des plus de 18 ans) du fait de l'accroissement de la part d'origine étrangère, donc important ses propres préjugés racistes, que d'une aggravation du sentiment raciste des « Français de souche » ? Par ailleurs, si on l'interrogeait expressément sur l'immigration chinoise, particulièrement discrète, la population établirait-elle toujours un lien automatique entre immigration et insécurité ? Ce ne sont que quelques-unes des questions, dont l'absence de traitement affaiblit sensiblement et les analyses et les préconisations des rapports relatifs au racisme. Le préjugé raciste traverse toutes les populations, y compris celles qui sont minoritaires et donc les plus exposées aux discriminations. Même au sein d'une population, comme celle des Antillais, dont chaque Gouvernement a pris maintenant l'habitude de mobiliser les élites au nom de la diversité, on note des clivages affirmés entre mulâtres, « Noirs Congo » et Indiens, qui, en tout cas localement, ne s'estompent que très lentement.

Une telle approche différente de l'antiracisme présente un inconvénient sur lequel il ne faut pas faire l'impasse. Jusqu'ici, les populations « non blanches » et/ou dites « non de souche » gardaient cachée leur perception raciale de leurs relations avec ceux qui n'appartenaient pas à leur communauté. Ce tabou était transmis en toute innocence de parents à enfants, et permettait à ceux-ci d'assumer leur spécificité avec sérénité. Le dévoilement de ce secret se heurtera donc à de fortes résistances, compte tenu notamment de la peur qu'ont ces populations de perdre la bonne conscience qu'il instillait dans leur esprit : les racistes étaient clairement les autres.

En outre, dans certaines communautés, la doxa antiraciste légitime aux yeux des enfants le refus de la compétition scolaire ou l'absence d'ambition professionnelle. Ce comportement, fondé sur le renoncement, puis sur la renonciation, est d'autant plus facile qu'il repose sur des réalités statistiques indéniables, qui font paraître dérisoire les succès obtenus, envers et contre tout et tous, par certains d'entre eux. S'il est compréhensible que des populations discriminées refusent une compétition pour laquelle, au départ, elles savent ne pas disposer des mêmes armes que leurs concurrents, entretenir artificiellement cet état d'esprit est dangereux à terme. En premier lieu, le développement de la crise et de la mondialisation rendent de moins en moins soutenable économiquement, financièrement et politiquement la constitution de « réserves », dans lesquelles les populations discriminées seraient protégées [52]. En second lieu, certaines communautés ont déjà tellement progressé dans la compétition avec la population dominante que leurs enfants ne manqueront pas de fracasser le fameux « plafond de verre », sans doute en moins d'une génération. C'est déjà le cas depuis longtemps pour la communauté juive, malgré sa faible importance numérique ; cela commence à l'être pour la communauté chinoise, en dépit de son hétérogénéité sociale. Pour les autres communautés minoritaires, le « cocooning racial » ne sera dès lors tout simplement plus défendable.

Les États-Unis doivent composer avec leurs quatre grandes communautés, d'importance numérique inégale et de poids politique divers : les WASP (White Anglo-Saxon Protestants), dont on ne parle jamais en tant que communauté telle

---

[52] Dans un État, quel que soit son système politique, une « discrimination positive » n'est acceptée par la population que tant que ceux qui en bénéficient ne semblent pas s'y complaire. Aux États-Unis, la création d'une bourgeoisie noire et l'élection du président Obama a rebattu les cartes, au détriment de ceux qui, parmi les Afro-Américains, ont cru trop longtemps que le système durerait toujours.

quelle, car elle est majoritaire et sa prédominance politique et économique est implicitement jugée « naturelle » [53], les Noirs, les Hispaniques, pas nécessairement unis autour de leur pilier démographique que sont les Mexicains, les Asiatiques, très présents dans le secteur de la recherche et des technologies, et enfin les Juifs, au lobbying actif dans des secteurs bien ciblés, comme les secteurs financier ou audiovisuel.

L'équilibre, parfois conflictuel, entre ces quatre grandes communautés est aujourd'hui menacé par trois facteurs.

D'abord, la croissance démographique des Hispaniques, due autant à la natalité qu'à l'immigration, est bien supérieure à celle des autres communautés et n'est pas près de s'infléchir. Car, si on peut penser que, au fur et à mesure que se constituera une classe moyenne de « Chicanos », le taux de fécondité des couples diminuera comme on le constate dans tous les pays au cours de leur phase de développement, il n'en reste pas moins que l'existence du réservoir mexicain à la frontière des USA n'ouvre que deux perspectives : soit les États-Unis absorbent continuellement le flot des immigrés mexicains, au risque de noyer démographiquement les WASP, soit ils arrivent à le contenir au-delà du Rio Grande, au risque de laisser se développer une zone de pauvreté et de frustration, avec l'éventualité d'une déstabilisation sociale et politique à leur frontière immédiate très difficile et très coûteuse à gérer politiquement et financièrement.

Ensuite, l'élévation sociale et économique des Noirs, qui se traduit de plus en plus sur le plan politique, pose un défi nouveau aux WASP. Pour la première fois, dans l'histoire des Etats-Unis, leur légitimité est contestée. Par un processus analogue à celui que Hannah Arendt avait bien analysé au sujet de la montée de l'antisémitisme en Europe à la jointure des XIXème et XXème siècle, la plupart des communautés se mettent à critiquer mezza voce la communauté des WASP, car leur place prééminente et trop visible dans la société américaine, notamment dans les

---

[53] Au sens où l'entendait l'humoriste Coluche, quand il parlait, dans un sketch célèbre, d'un homme « normal, blanc quoi… ».

institutions gouvernementales et à Wall-Street, est de moins en moins justifiable par leur puissance économique et politique. C'est justement parce qu'ils sont moins forts qu'ils dérangent.

Enfin, la politique extérieure des États-Unis entre de plus en plus en conflit avec les aspirations des couches les plus pauvres de ces communautés, sans pour autant s'attirer la bienveillance de leurs franges plus aisées dans la mesure où les arguments utilisés pour la promouvoir consistent à identifier l'étranger au danger. Celles-ci voient s'approcher avec inquiétude le moment où le seul allié indéfectible des Etats-Unis ne sera plus que l'État d'Israël.

La mondialisation est une nécessité vitale au regard du taux de profit pour le capitalisme américain encore plus que pour les autres. L'esprit pionnier et l'économie de marché constituent en effet l'âme de la société américaine, sans laquelle celle-ci est exposée à un inéluctable déclin. Mais cette mondialisation implique de plus en plus de communautés, beaucoup moins imprégnées du messianisme de la « main invisible du marché », à l'imaginaire de moins en moins réceptif à l'épopée des westerns, et donc beaucoup plus soudées par leur ciment culturel, totalement allogène aux USA. La mondialisation, du point de vue nord-américain, a ainsi une double face contradictoire.

La mondialisation ne jouera cependant pas de façon négative pour la cohésion sociale des États-Unis, tant que la version américaine du libéralisme semblera pour ces communautés un système supérieur à celui sous-jacent à leur culture propre. Si le Mexique progresse économiquement et politiquement à partir de ses valeurs intrinsèques, la remise en cause du libéralisme tel qu'on le voit à l'oeuvre aux États-Unis sera inévitable au sein de la communauté mexicaine. Les mêmes causes produiront les mêmes effets dans les autres communautés, avec le risque d'un affrontement intercommunautaire sur le sol américain si ces tensions ne sont pas réduites par une nouvelle idiosyncrasie politico-économique, que le système de pouvoir des WASP semble bien incapable de produire à l'heure actuelle [54].

---

[54] Michel Floquet, auteur de l'ouvrage : « Triste Amérique : le vrai visage des États-Unis » , paru

Le communautarisme, qui a permis l'expansion économique des États-Unis, est donc beaucoup plus dangereux à terme pour ce pays que ne l'était le socialisme jadis. Le socialisme était, d'une part, un corps étranger, un greffon rejeté par l'âme américaine, d'autre part, un système qui n'avait pas fait ses preuves, un projet incompatible avec le pragmatisme américain. Le communautarisme est, par contre, consubstantiel au développement spécifique des États-Unis. C'est cette organisation particulière de la société qui a permis de justifier l'injustifiable : la mise en place et la poursuite d'une politique raciale depuis la déclaration d'indépendance de 1776, acte fondateur du pays, jusqu'à nos jours, en dépit de l'élection « en trompe-l'œil » du premier président noir des États-Unis.

Balayons tout de suite un mythe. Barack Obama n'a pas été élu en 2008, puis réélu en 2012, par une Amérique enthousiaste, emportée par un élan de réconciliation entre les Blancs et les Noirs. Une majorité de Blancs a voté en effet contre lui. Il ne doit son élection qu'à la mobilisation électorale des Noirs, submergés par l'espoir de voir enfin l'un des leurs à la tête du pays le plus puissant du monde, qui ont voté à 95% en sa faveur (93% en 2012), des Hispaniques, qui ont voté à 66% pour lui (71% en 2012) et des Asiatiques qui lui ont accordé 62% de leurs votes (73% en 2012). Seulement 43% des Blancs ont voté pour lui en 2008 (39% en 2012).

Car indépendamment de leurs nuances politiques ou philosophiques, les observateurs de la société américaine ne remettent pas en cause le fait que, de même que les États-Unis sont une fédération d'États, celle-ci est une fédération de communautés juxtaposés, réunis à l'occasion de quelques moments de fraternité, tels les guerres, les catastrophes nationales ou le Super-Bowl, sous le même drapeau, d'où l'omniprésence de celui-ci, seul ciment des communautés avec l'économie de marché. Parmi celles-ci, les communautés raciales sont les plus clivantes, pas seulement pour des raisons historiques. Le péché originel de l'Amérique, c'est l'expropriation et le massacre des Amérindiens par les pionniers originaires d'Europe

---

en 2016, s'inquiète de l'approfondissement de la division à la fois entre communautés et entre classes sociales, et note que ce pays a le plus fort taux de reproduction sociale de tous les pays développés (en grande partie à cause du prix élevé des études).

[55]. La fin des guerres indiennes ne datant que d'un siècle, ses effets en termes de leçon historique sont encore présents dans l'inconscient collectif des habitants de ce pays, malgré les tentatives de refoulement du passé et les non-dits des discours [56]. Et la leçon à retenir est simple : il revient aux plus forts de faire l'histoire et de jouir du présent. On comprend mieux à la fois l'importance du nombre d'homicides par arme à feu aux États-Unis et l'obsession d'Hollywood pour les « Happy end ». L'un ne va pas sans l'autre. Les Américains ont peur, parce qu'ils savent de quelle violence est issue leur pays et comment il l'a exportée à travers le monde pour asseoir sa domination ; chaque citoyen ressent ainsi le besoin de s'armer pour se protéger [57]. En même temps, leur héritage religieux leur interdit d'admettre que la force prime le droit ; il faut donc que l'histoire finisse « bien », c'est-à-dire que la morale soit respectée et que le Bien triomphe du Mal. Cette revanche de l'imaginaire sur la réalité les rassure sur la légitimité de leur société et de leur puissance. Le syllogisme est enfantin, au sens propre, donc imparable : leur présent est le fruit de leur Histoire (avec un grand « H ») ; si la multitude d'histoires (avec un petit « h ») qui la composent finissent « bien » (en général), c'est donc que leur présent est moral, ou qu'il manque peu de choses pour qu'il le soit, et qu'il plaît à Dieu. Mais comment être sûr que la sédimentation des flots d'immigration, appelée improprement le « creuset américain », qui a produit les communautés raciales d'aujourd'hui, ne dégénèrera pas en guerres civiles, telles que celle que les États-Unis ont failli connaître, dans les années soixante, lors des émeutes dans les ghettos noirs ? Comment se défendre contre ce danger intérieur, dont il ne faut surtout pas parler, de peur que cela ne porte atteinte à l'unité du pays ? Il suffit de laisser perdurer un développement séparé de chaque communauté, en veillant à ce que les plus ambitieux, les plus dynamiques et les mieux introduits de leurs membres trouvent leur place au sein du « rêve américain » (par l'octroi de bourses fédérales ou l'imposition de quotas dans le cadre de « l'affirmative action »). Peu importe que la pyramide sociale sur laquelle prospèrent ces « happy few » ait un sommet plus étroit

---

[55] Michel Floquet (cf ouvrage précité) n'a pas peur d'employer le terme de génocide.

[56] Dans son discours d'investiture, le 20 janvier 2009, Barack Obama rendait hommage aux pionniers en ces termes : « Pour nous, [ceux qui prennent des risques, qui agissent] ont sué sang et eau et conquis l'Ouest ». Compte tenu de sa culture historique et de son souci de rassembler les Américains, il est significatif qu'il n'ait pas su trouver les mots pour évoquer le sort des premiers habitants

[57] C'est notamment la thèse que le cinéaste américain Michael Moore a développée dans son film-documentaire « Bowling for Columbine » en 2002.

et une base plus large que celle des autres communautés. L'essentiel est que soient exposés à la lumière des Barack Obama, des Oprah Winfrey ou des Samuel L. Jackson [58], pour ne prendre que des membres de la communauté noire. Il importe aussi de s'assurer un contrôle optimal des canaux d'immigration, de façon à ce qu'aucune communauté d'importance ne se sente menacée par le renforcement d'une autre. L'Amérique a toujours réussi cette gageure depuis le début du XXème siècle en maîtrisant les immigrations italienne et juive, alors, mexicaine, aujourd'hui. Mais c'était dans une phase d'expansion économique continue, si on fait abstraction de la parenthèse de la crise de 29. Les perspectives en ce début de XXIème sont moins favorables, avec une paupérisation relative de la classe moyenne et une croissance reposant sur une troisième révolution industrielle (numérique, robotisation et biotechnologies), peu créatrice d'emplois pour l'instant [59]. Néanmoins, la politique raciale, telle qu'elle est menée, reste encore l'un des piliers fondamentaux du développement de la société américaine.

L'Afrique noire est sans conteste la zone géographique qui présente le retard de développement le plus flagrant sur la planète. Circonstance aggravante, ce retard tend à s'accentuer en dépit (ou parfois à cause) de l'action des organismes internationaux, dans le cadre des politiques de réformes structurelles ou d'aide au développement. Si les effets cumulés du commerce triangulaire des XVIème, XVIIème et XVIIIème siècle, avec son élément essentiel qu'a été la traite esclavagiste, l'exploitation coloniale des quatre derniers siècles et l'importation dans certains pays des conflits de la guerre froide sous leurs formes les plus violentes suffisent largement à expliquer ce retard, on peut s'interroger sur les raisons qui ont favorisé une telle accumulation de catastrophes politico-économiques et les motifs de la persistance de ce retard, alors que, apparemment, les nations occidentales et asiatiques ont enfin compris tout l'intérêt qu'il y aurait pour elles à valoriser le potentiel humain autant que les ressources en matières premières du continent africain.

---

[58] En 2011, Samuel L. Jackson était entré dans le livre Guiness des records comme l'acteur ayant apporté le plus de recettes cinématographiques, si l'on prend le box-office mondial comme référence.
[59] Pour faire simple, les cerveaux ne remplacent pas les bras un pour deux.

Au XVIème siècle, alors que les pays européens vivaient le début de l'industrie, les nations africaines étaient structurées religieusement autour de l'animisme et économiquement autour de l'agriculture et de la pêche. Mise en mouvement par les échanges commerciaux entre Européens, Arabes et Africains, la localisation au sud du Sahara de la première révolution industrielle se heurtait à la résistance des deux piliers des sociétés africaines. Car il était impossible d'en affaiblir l'un sans affaiblir l'autre tant ils étaient intimement liés dans la culture et l'âme africaines. Sans cette étroite connexion entre l'économique et le religieux, nul doute que l'Afrique aurait suivi le même chemin vers l'industrialisation et le type de société qui en découle que les nations européennes d'abord, le reste du monde ensuite. Mais les dieux et les esprits africains en ont décidé autrement. Ce faisant, ils ont libéré une force qui allait lentement les détruire : la traite négrière. C'est, en partie, l'impossible localisation en Afrique de l'industrialisation, en dépit des richesses du sous-sol de ce continent en matières premières, qui a fait émerger cette force. La traite négrière a résulté du constat de l'incapacité de l'industrie à s'implanter en Afrique, et donc de la nécessité de transporter Outre-Atlantique ces bras dont elle avait besoin directement (sucreries) et indirectement (champs de coton). Mais elle a fait plus que priver l'Afrique de bras et d'intelligences jeunes pendant plusieurs générations, elle a aussi affaibli cette région sur le plan de la démographie, à une époque où celle-ci était encore le ressort essentiel du progrès de l'économie et de la puissance militaire. Et surtout, et là se trouve sans doute le drame fondamental de l'Afrique, elle a privé les Africains de leur imaginaire en déconnectant le religieux de l'économie, ce qui revenait à couper le lien entre les puissances occultes traditionnelles et le vécu quotidien.

L'abolition de l'esclavage Outre-Atlantique a marqué la victoire de l'industrie et du salariat. Cet avènement consubstantiel à la deuxième révolution industrielle a provoqué l'irruption d'une nouvelle force motrice : la colonisation. Cette force avait pour raison d'être la mise en valeur des salariés africains par le capital, à l'instar de ce qui se faisait en Occident. Mais, alors que l'organisation des économies européennes et américaines permettait que le produit de cette mise en valeur reste sur place, cela n'était pas possible en Afrique, car ses habitants et ses élites n'avaient pas les ressources matérielles et idéologiques pour rompre le pacte colonial. Ce pacte colonial se concrétisait par une circulation des flux de matières premières vers la métropole, qui retournait des biens d'équipement et de consommation et qui maîtrisait les termes de l'échange. Le fait que ce pacte colonial ait survécu dans les faits au mouvement de généralisation des indépendances des États africains, au cours des années soixante, prouve à l'envi qu'il n'était pas seulement imposé et maintenu par la force des armes, même s'il s'était appuyé sur celle-ci quand cela s'était avéré nécessaire. La violence de la colonisation était davantage symbolisée par la sainte bible, qui violait les imaginaires, que par le fouet, qui ne s'attaquait qu'aux corps. Or, l'histoire du monde moderne montre assez qu'il est vain de s'attaquer aux corps quand ils sont habités par un esprit.

On peut considérer aujourd'hui que cette force a rempli sa fonction, dans la douleur, toujours, et dans le crime, souvent. La colonisation a mis les pays africains sur la voie de l'industrialisation, sur laquelle ils cheminent maintenant cahin-caha. **Mais elle continue cependant à s'inscrire dans le processus de globalisation en cours, avec ses caractéristiques propres, qui influent en retour sur celui-ci.**

L'Afrique n'a pas disparu. Elle respire au rythme des soubresauts de la mondialisation, à laquelle elle insuffle un peu de l'irrationalité de ses dieux et de ses esprits. C'est le prix que celle-ci a payé en Afrique pour s'y étendre comme partout ailleurs. Car à l'empirisme économique du XXème siècle a succédé une conception de la finance mondiale qui n'est pas très éloignée de la pratique magique. Les banques et institutions financières ont beau élaborer des documents d'analyse dégoulinant de chiffres et pétris de doctes affirmations pour donner l'illusion de sérieux et de scientificité, elles ne peuvent dissimuler longtemps le fondement de leur pensée : tout ce qui arrive en économie est déjà arrivé, et il suffit d'attendre assez longtemps pour que cela arrive de nouveau. Le cul de leur intelligence apparaît dans toute sa crue nudité à chaque nouvelle crise économique ou mouvement boursier inhabituel. Lorsque seul un désastre comptable peut conduire des banques à mettre la camisole de force à un « trader fou », c'est que l'argent est depuis longtemps sorti de son rôle obscur de moyen d'échange et de mesure de la richesse pour faire pâlir les étoiles au pays des merveilles et des enchantements. Les débats entre économistes se font à l'ombre de l'arbre à palabres et les grands argentiers agitent leurs inoffensifs gris-gris de sorciers modernes. Et pendant ce temps-là, les politiques racontent au public des histoires pour l'aider à s'endormir le soir, en se passant du chant des grillons de la nuit africaine.

L'Afrique n'a pas disparu. Mais, si elle a repris son expansion démographique, il s'en faut de beaucoup qu'elle ait pansé ses plaies, que l'histoire a rendues purulentes. Celle qui nous intéresse, dans le cadre de cet essai, se nomme tribalisme et a été à la fois cause et conséquence du colonialisme.

Contrairement aux idées reçues, avant l'expansion du colonialisme, dont on peut dater symboliquement le début au Traité de Berlin de 1885 [60], il existait des États africains dont le territoire transcendait les frontières tribales. Ces États, surtout féodaux, furent liquidés par les nations européennes. Par exemple, les structures des États musulmans du Soudan occidental, du Dahomey ou des royaumes malgaches furent détruites par la France, et celles du Bénin, du Swaziland, du royaume Yoruba ou des royaumes lacustres de l'Afrique de l'Est par les Britanniques [61]. La « tribu » était un simple regroupement d'individus qui se réclamaient d'un ancêtre commun, un peu comme les gentes dans la Rome antique. Ceux-ci avaient donc la même souche ethnique et plus ou moins la même langue, mais ils n'appartenaient pas nécessairement à la même unité politique ou sociale. Selon les « États », la division politique et sociale recouvrait l'opposition éleveurs/agriculteurs ou éleveurs/pêcheurs ou agriculteurs/guerriers. Les puissances coloniales brisèrent ces solidarités qui ne correspondaient pas aux nouvelles frontières des États-nations qu'ils voulaient instaurer sur le modèle européen, lesquelles étaient issues d'un partage de territoire souvent fantaisiste, au mieux aléatoire. La voie était ouverte à un réveil des anciennes rivalités ethniques, qui, en outre, étaient fort utiles aux nouveaux maîtres pour imposer leur pouvoir, selon le vieux principe « diviser pour régner ». À la décolonisation, l'Afrique a donc hérité à la fois d'une « balkanisation » géopolitique

[60] Le Traité de Berlin, qui fait suite à la conférence du même nom, visait à fixer les règles de base minimales que devaient respecter les puissances coloniales dans leur politique africaine (libre-échange, liberté de commerce, conditions pour être déclaré possesseur d'une côte,...). Il fut signé par la France, le Royaume-Uni, les États-Unis, la Belgique, la Hollande, la Suède et l'Allemagne.
[61] Cf, entre autres, le livre de Walter Rodney : « Et l'Europe sous-développa l'Afrique... » - Éditions Caribéennes, 1986 - traduction française de l'ouvrage : « How Europe underdeveloped Africa » du même auteur - Bogle L'Ouverture Publications, 1972.

et d'une ethnicisation tribale. Il ne faut pas chercher ailleurs l'origine du racisme tribal qui s'est durablement implanté en Afrique, depuis la guerre du Biafra et la réduction à la famine de l'ethnie Ibo, à la fin des années 60, jusqu'à la guerre civile du Rwanda, avec le génocide des Tutsis au milieu des années 90.

S'il n'est pas besoin d'insister sur la guerre du Rwanda, tant ses horreurs sont encore fraîches dans la mémoire collective, celle du Biafra mérite qu'on s'y attarde, car, particulièrement en France dont la diplomatie a été profondément humiliée à cette occasion, elle a totalement été effacée des esprits, alors qu'elle constitue un cas d'école pour ceux qui acceptent de réfléchir sur l'origine et la nature du racisme tribal africain.

La guerre du Biafra est une guerre civile qui a éclaté au Nigéria en juillet 1967 et a pris fin en janvier 1970. Le Nigéria ne s'était émancipé de la tutelle coloniale du Royaume-Uni que depuis 1960. Le pays était composé de plus de 200 ethnies, dont les trois principales étaient les Haoussas, au nord, majoritairement musulmans, les Yorubas, à l'ouest et au sud-ouest, musulmans ou chrétiens, et les Ibos, au sud-est, majoritairement chrétiens ou animistes. Conformément à la stratégie de domination évoquée plus haut (« Diviser pour mieux régner »), les Britanniques avaient favorisés les Ibos, qui, de ce fait, occupaient la plus grande partie des postes et des emplois dans l'administration et le commerce, alors que la majorité des mines de charbon et des ressources pétrolifères dépendait déjà de leur territoire. Les Yorubas, exclus du pouvoir politique à l'indépendance voulurent prendre leur revanche sur les Ibos en s'alliant avec les Haoussas. À cette rivalité politique se superposa un conflit religieux entre musulmans et chrétiens. Des massacres furent organisés contre les Ibos, à la fin de l'année 1965, faisant plus de 30.000 morts dans le nord. L'acceptation par la majorité musulmane de la désignation d'un chrétien, le général Gowon, à la tête de l'État n'empêcha pas les persécutions et les pogroms anti-Ibos. En outre, les Ibos furent dépossédés de la partie de leur terre riche en pétrole, à la suite d'une réforme administrative mise en place par le général Gowon, soucieux de percevoir directement les royalties dues par les sociétés exploitantes britanniques, Shell et BP. Cela provoqua la sécession des Ibos, à l'est du pays, qui créèrent la République du Biafra.

Après un début de guerre qui leur fut favorable, les Ibos durent reculer devant la contre-offensive de l'armée fédérale. Ayant trouvé un nouveau « terrain de jeu », les puissances étrangères s'ingèrent dans le conflit. Soutenue par le Gabon et la Côte-d'Ivoire, francophones de par l'histoire et francophiles par intérêt, eux-mêmes financés par l'Afrique du Sud et la Rhodésie, la France fournit des armes au Biafra, pour contrecarrer les efforts du Royaume-Uni, qui aida l'armée fédérale, aux côtés des États-Unis et de l'URSS. Chaque partie enrôla des mercenaires étrangers, anciens de l'Indochine et de l'Algérie pour la France, Égyptiens pour l'armée fédérale. L'opinion publique française et européenne fut prise à témoin de la famine qui frappait les Ibos et leurs enfants assiégés. Le général Gowon dut provoquer une enquête d'une commission internationale, afin qu'elle conclût à l'absence de génocide.

Une dernière offensive de l'armée fédérale en décembre 1969 scellera la défaite des sécessionnistes. Il est à noter que, en dépit de la violence et de la cruauté de cette guerre civile, le vainqueur se montrera plutôt magnanime, car il proposera aux combattants vaincus d'intégrer l'armée fédérale et n'organisera pratiquement aucun procès contre ses anciens adversaires.

La presse d'alors insista lourdement sur le caractère raciste d'une guerre d'aspect tribal entre Ibos, d'un côté, Yoruba et Haoussas de l'autre. Pourtant, avant la guerre, la question ethnique n'avait pas atteint, au Nigéria, un degré de criticité qui laissait entrevoir une telle issue. Au vu du déroulement des événements évoqués ci-dessus, il apparaît plutôt que les ingrédients essentiels de cette explosion de violence ont été la lutte d'influence de la France et du Royaume-Uni en Afrique, ainsi que le jeu trouble des compagnies pétrolières qui étaient prêtes à aider un camp contre l'autre à condition de garder leur emprise sur les richesses du sous-sol [62]. L'opposition chrétiens/ musulmans, quant à elle, n'a été qu'un hochet médiatique, destiné à cacher cette réalité peu reluisante aux opinions publiques occidentales très majoritairement catholiques et protestantes.

---

[62] Au début de la guerre, Shell, BP et American Overseas avaient décidé de verser directement les royalties dues au titre de l'exploitation du pétrole au Biafra sécessionniste, qui semblait prendre l'avantage sur l'armée fédérale.

À ce stade de l'analyse, le survol des situations françaises, nord-américaines et africaines que nous avons effectué ne laisse pas d'interroger. **Le racisme, tel qu'on l'entend communément, ne se présente en effet jamais seul. Il est toujours étroitement imbriqué avec d'autres phénomènes politiques, sociaux, économiques ou culturels, dont aucun ne suffit à l'expliquer, mais qui tous contribuent à le renforcer.** Pour faire une analogie avec le monde physique, tout se passe comme pour l'expérience des fentes d'Young en mécanique quantique [63]. Dans celle-ci, on ne peut que constater le phénomène d'interférences, produit par l'impact des photons de lumière sur un écran, sans aucune possibilité de savoir par quelle fente chacun d'entre eux est passé. Si l'on met en place un dispositif technique pour ce faire, le phénomène d'interférences disparaît aussitôt. Est-ce que le racisme, tel qu'il s'exprime, ne serait pas, de façon similaire, le résultat de l'imbrication de plusieurs causes, tellement entremêlées qu'il devient impossible de distinguer la cause efficiente des autres causes [64] ? Car il semble bien que le racisme ne soit pas vraiment un concept opérationnel, qui explique la persistance de certains comportements et de certains propos, réprimés pourtant dans quasiment tous les pays, par le biais de la pression politique, sociale ou judiciaire. Autrement dit, le racisme est une représentation, au sens stoïcien et spinoziste du terme, la traduction dans le corps social de phénomènes externes qui affectent les individus, parfois à leur insu. Le racisme est une réponse de l'individu à un « impetus », qui tend à le sortir de sa zone de confort. Dans la IIIème partie de « l'Éthique », Spinoza préconise de s'affranchir de ses passions, pour accéder à la liberté. Mais les objets de nos passions, nous étant extérieurs, échappent totalement à notre contrôle. Par conséquent, nous avons tendance à écarter ou à détruire ceux qui nous procurent de la « Tristesse » [65]. La « Haine » est ainsi une « Tristesse » qu'accompagne « l'idée d'une cause extérieure ». Il est aisé d'étendre ce raisonnement au racisme, qui est

---

[63] L'expérience des fentes d'Young consiste à placer une paroi, percée de deux fentes fines, entre une source de lumière et un écran sur lequel celle-ci se projette après passage par les deux fentes. On observe sur l'écran une série alternée de bandes claires et sombres, dites franges d'interférence. Grâce à la mécanique quantique, on démontre que les résultats ne s'expliquent que si l'on n'attribue pas de trajectoire propre à chacun des photons, dont la lumière se compose, jusqu'à leur impact sur l'écran, mais seulement une certaine probabilité de passer par l'une ou l'autre des deux fentes.

[64] Nous ne reprenons pas ici, stricto sensu, la typologie aristotélicienne des causes - causes finale, efficiente, formelle et matérielle – dans la mesure où, telle que nous l'entendons, la cause efficiente peut être multiple.

[65] Dans le cadre de son système philosophique, qui distingue soigneusement éthique et morale, Spinoza donne une définition précise du concept de « Tristesse », qui est, stricto sensu, le « passage à un degré de perfection moindre ».

donc à la fois « Tristesse » et conscience de l'existence d'une cause externe à l'origine de celle-ci, qu'il faut détruire. **Il n'y a pas de racisme gratuit.**

Quelle est la source de cet « impetus » ? C'est la question qui vient à l'esprit si l'on se décide à approfondir l'analyse. Il convient alors d'explorer les domaines d'où est susceptible de se dégager l'origine de cette « mise en mouvement », soit le champ social, en incluant la démographie ainsi que la culture, le champ politique et l'économie.

Qu'est-ce qui, dans le domaine social, favorise l'émergence du racisme ?

La première idée qui vient à l'esprit est la différence de langues, qui rend la communication plus difficile entre divers segments de population et pousse au renfermement sur soi, incompatible avec le « vivre ensemble ». La différence de langues est bien sûr moins marquée aux États-Unis et au Royaume-Uni, étant donné que, en arrivant, la plupart des migrants parlent l'anglais, première langue internationale. C'est de moins en moins vrai, toutefois, aux États-Unis, du fait de la proximité de ce pays avec l'Amérique du Sud et, principalement, le Mexique. La France, en ce qui la concerne, ressent les aspects négatifs de la multiplicité linguistique avec d'autant plus d'acuité qu'elle a hérité de son histoire et de sa vocation universaliste un modèle assimilationniste, qui fait du français la seule langue intégrationniste. Il faut aussi reconnaître que le recul de l'influence de la langue française dans le monde diminue sensiblement la probabilité que les immigrés actuels ont de la parler, y compris ceux en provenance d'anciennes colonies.

Le lien de corrélation entre racisme et différences linguistiques, parce qu'il est primaire, est le plus souvent négligé. Cela s'explique par le fait que, dans ce contexte, la langue est d'abord appréhendée à travers sa fonction véhiculaire, l'impasse étant faite sur sa fonction vernaculaire. Or, la langue structure la pensée et le mode de vie, voire l'inconscient. Il n'y a donc rien de plus personnel, de plus intime et de plus important pour l'identité d'un homme que la langue dans laquelle il pense, même s'il ne la parle pas, notamment lorsqu'il est à l'étranger, par choix ou par nécessité [66]. Qu'on songe, par exemple, à l'intraduisibilité en français du concept musulman de « Taquiya ». Cette mesure de prudence, qui vise traditionnellement à cacher sa foi sous la contrainte, est généralement traduite par le mot « dissimulation », qui a une connotation très négative, renforcée par le comportement des terroristes islamistes qui, avant de commettre leurs attentats en Europe, essaient de donner le change en adoptant subitement un comportement public contraire aux préceptes de leur religion [67]. Une nation de racines catholiques et protestantes comme la France peut difficilement inclure ce concept dans son corpus linguistique, car les anciens chrétiens n'avaient le choix qu'entre le martyre (Saint Étienne) et le reniement (Saint Pierre). Inversement, la notion de martyre n'a d'ailleurs pas la même signification ou portée dans l'islam. L'intégration sociale, si elle n'est pas aussi linguistique, n'est donc que partielle. Cette faille dans le corps social est susceptible de s'élargir à la moindre tension politique ou économique externe.

En outre, pour les individus, la langue est le principal outil d'appropriation d'un patrimoine culturel. Elle est d'ailleurs largement consubstantielle à celui-ci, car elle porte les traces de sa sédimentation dans l'imaginaire aussi bien collectif de la nation qu'individuel de chaque citoyen. L'immigré, coupé de ses racines, s'appauvrit intellectuellement du point de vue de sa culture d'origine, sans s'enrichir nécessairement pour autant du point de vue de sa culture d'accueil. Si cette règle est loin d'être générale, notamment pour ceux qui disposaient avant leur départ d'un bagage culturel conséquent, il reste que l'immigré doit résister constamment au tropisme d'une double demi-culture, qui ne débouche jamais sur une culture à part entière.

Les effets négatifs de la multiplicité linguistique sont aggravés par la prise de conscience d'un écart démographique entre populations allogènes et indigènes. Ce

---

[66] Un témoin des années sombres, la photographe juive allemande, Lore Krüger, qui a dû s'exiler à l'arrivée d'Adolf Hitler au pouvoir, écrivait : « La langue est le dernier fragment de leur pays que les émigrés emportent en exil, ils l'entretiennent entre eux, et elle leur donne à l'étranger un peu de sécurité. » - dossier de l'exposition du musée d'art et d'histoire du judaïsme sur « Lore Krüger : une photographe en exil, 1934-1944 », printemps 2016.
[67] La « Taqiya » prend une forme spécifique dans la religion juive, laquelle ne pose aucun problème en Europe, du fait, bien sûr, de la tragédie de la Shoah, qui légitime le droit des membres de la communauté juive à se protéger, en tant qu'individus, mais aussi en raison des recommandations rabbiniques visant à ce que chaque Juif observe scrupuleusement les lois de son pays d'accueil.

phénomène factuel fait naître chez ces dernières un sentiment diffus d'insécurité ontologique qu'il n'est nul besoin de statistiques pour étayer. Il leur suffit d'observer les cours des écoles de leurs enfants, leur voisins sur certaines lignes de bus ou de métro, la disparition de leurs bouchers et boulangers habituels, corrélativement avec la « hallalisation » des commerces de proximité dans leurs quartiers, ou les files d'attente d'usagers aux guichets des services publics. Par ailleurs, l'écart démographique s'accompagne d'un développement de la religion musulmane, avec sa forte cohérence culturelle, qui embrasse toutes les activités humaines publiques comme privées. Dans un pays laïc et, surtout, assimilationniste, la persistance de certains types de comportements, voire leur généralisation, heurte des traditions ancrées par une histoire séculaire. Quand elle ne se justifie pas par le statut de représentant officiel d'une obédience quelconque, l'irruption de la religion dans l'espace public est difficilement acceptée en France, depuis la naissance de la IIIème République et la séparation de l'Église et de l'État. Pour la plupart des citoyens, la religion doit être confinée dans l'espace privé et les établissements cultuels. Cette rupture du consensus religieux est d'autant moins acceptée qu'elle s'accompagne, dans le cas du port du voile par exemple, d'une volonté implicite de souligner le statut particulier de la femme musulmane, à contre-courant du principe d'égalité homme-femme inscrit dans la constitution de la République [68].

Dans les quartiers populaires, en outre, les originaires des pays du sud rapportent de leurs pays natal, au climat généralement plus clément, l'habitude de vivre davantage dans la rue, qui est le lieu de socialisation par excellence des couches de population les plus pauvres. Les autochtones, qui ont perdu cette tradition de leurs lointains aïeux, ressentent le plus souvent cela comme une « occupation » du trottoir public ou des halls d'immeubles. D'autant qu'ils éprouvent parfois l'impression que les nouveaux venus refusent de se plier aux règles de « savoir vivre » en crachant ostensiblement par terre, comme pour mieux marquer leur territoire [69]. On notera

---

[68] Preuve que cette question dépasse le strict cadre religieux et juridique, les partisans du port du voile ne se manifestent de façon virulente que lorsque le rapport des forces est en leur faveur, notamment dans les quartiers fortement communautarisés.

[69] Ces « problèmes de voisinage » entre populations autochtones et allogènes sont loin d'être anecdotiques. Peut-être même sont-ils plus importants dans l'émergence du sentiment raciste que les autres causes régulièrement évoquées par ailleurs, ne serait-ce que parce qu'ils sont quotidiens. Le rapport 2014 du CNCDH, par exemple, relevait que 90% des sondés estimaient indispensable que tous les étrangers ayant immigré adoptent un mode de vie « français ».

quand même que, loin d'être une provocation, cette coutume se veut hygiénique et que les Français ruraux ne l'ont eux-mêmes abandonnée que dans les années cinquante. Les originaires des pays du Maghreb font d'ailleurs spontanément l'effort d'être plus discrets quand ils sont hors de leurs quartiers. En effet, contrairement au port du voile, cette coutume est sans enjeu politique ou identitaire, à tel point que les Chinois d'origine, qui la pratiquent eux aussi naturellement, ont été invités à s'abstenir d'agir de la sorte dans leur propre pays, lors des jeux olympiques de Pékin, au nom des lois de l'hospitalité, compte tenu du caractère international de la manifestation.

Si la responsabilité de l'immigration, en tant que telle, dans l'insécurité est largement un fantasme, l'inquiétude des citoyens de ce point de vue n'est guère contestable. Mais elle repose sur une réalité sociale, et non ethnique. Qu'elles soient internes ou externes, les migrations de population impliquent toujours le développement d'une délinquance spécifique, de plus ou moins grande gravité. Ainsi, dans la France de l'entre-deux guerres, la montée des Corses à Paris, pour des raisons économiques liées à la crise agricole, s'est accompagnée du contrôle par certains d'entre eux de la prostitution et des jeux. Après-guerre, l'immigration maghrébine s'est faite parallèlement à l'émergence d'un « milieu pied-noir », autour des frères Zemmour, Juifs algériens qui se taillèrent un petit empire dans le proxénétisme, laissant aux Corses la maîtrise du trafic de drogue, via Marseille, à destination des États-Unis d'abord (filière dite de la « French Connection »), de la région parisienne ensuite. Aux États-Unis, de même, les premiers gangs, au début du XIXème siècle, se sont créés en corrélation avec les vagues d'immigration, comme une version sombre du « rêve américain ». Composés d'immigrés irlandais, italiens, irlandais ou juifs ashkénazes de première ou de seconde génération, ils maîtrisaient à la fin du siècle des quartiers entiers de la Nouvelle-Orléans, de Chicago et de New-York [70]. Les Siciliens, en particulier, importèrent la mafia et ses règles (« omerta », racket, exécutions sommaires…), qui furent à l'origine de poussées racistes anti-italiennes, qui allèrent jusqu'au lynchage [71]. Les liens entre immigration et délinquance sont

---

[70] Le réalisateur américain d'origine italienne, Martin Scorsese, a décrit cette époque, inconnue de la plupart des Américains, dans son film « Gangs of New-York », en 2002.
[71] En 1891, à la Nouvelle-Orléans, onze Italiens furent massacrés par une foule en colère, à la suite de l'assassinat du directeur de la police, attribué à l'un d'entre eux.

un pur phénomène social. Les immigrés qui arrivent dans un pays cherchent naturellement à s'y faire une place. La plupart acceptent de faire le travail que refusent les autochtones, profitant ainsi, en quelque sorte, de la niche écologique qu'on leur a laissée. Les autres, largement minoritaires, conscients de leurs handicaps dans une société déjà structurée, issus le plus souvent de milieux où les conditions de vie sont extrêmement dures, investissent les secteurs où leur principal atout, le sentiment de n'avoir rien à perdre, constitue un avantage compétitif : la délinquance et le grand banditisme. Le fait qu'ils se regroupent parfois en petites communautés peut donner l'impression qu'ils sont arrivés dans leur pays d'accueil dans cette formation et avec ces intentions asociales, alors qu'il ne s'agit que d'un enchaînement de circonstances et de la conséquence de liens de proximité linguistique ou ethnique. Pour simplifier, ce n'est donc pas l'immigration, mais bien plutôt l'occasion qui fait le larron.

L'absence de promotion des cultures allogènes est aussi un facteur à prendre en compte. Les écrivains musulmans sont quasiment inconnus en France, hors d'un milieu de spécialistes érudits, quand ils n'ont pas eu la « chance », comme Salman Rushdie, d'être frappés d'une fatwa. Or, pour les Français, des peuples sans culture ne comptent pas plus que des Néandertaliens. C'est encore plus dommageable, si l'on considère la culture populaire, celle qui a le plus d'impact sur les masses. À croire que les Arabes, les Perses et les Berbères, par exemple, ne chantent pas et ne font pas de cinéma… Les moins incultes ont entendu parler d'Oum Kalthoum, et encore parce qu'on l'a affublée du surnom réducteur de « Édith Piaf arabe », ainsi que de cinéastes exilés ou dissidents, car, « dans ces pays », il ne peut pas y avoir de création, celle-ci étant réservée au monde occidental ou aux « élites occidentalisées ». Ce racisme culturel est très peu évoquée, car il sévit dans des milieux à l'abri de tout soupçon, ou alors on se retranche derrière le goût de public, faisant semblant de ne pas voir ce qu'il faut de promotion pour attirer le public dans les salles de concert et de cinéma et lui permettre ensuite de faire un choix réel et libre. Au-delà de l'appauvrissement du champ culturel offert au public, les conséquences sont redoutables en matière de représentation des autres peuples au sein de l'imaginaire français, immigrés inclus. Complexe de supériorité d'un côté, frustration de l'autre sont les deux composants chimiques qui n'attendent qu'un catalyseur social ou politique pour produire une réaction explosive.

Il n'est donc pas surprenant que des populations déjà défavorisées par leur absence de maîtrise de la langue de leur pays d'accueil, confrontées à une conception de la place de la religion qu'ils appréhendent comme agressive à leur égard, et dévalorisées, voire méprisées culturellement, se réfugient dans le communautarisme. Ce mode de vie leur offre une sécurité apparente, au milieu des « leurs », une considération qu'ils ne trouvent pas en dehors de leur groupe ainsi qu'une espérance de survie et, éventuellement, de progression sociale grâce à la solidarité et l'entraide. Il y a d'ailleurs beaucoup de points communs entre ce communautarisme et les réseaux que formaient autrefois les Bretons ou les Auvergnats qui montaient à Paris. Ce qui est nouveau, c'est l'absence de transcendance nationale, qui rapproche davantage le communautarisme moderne du tribalisme, en renfermant les groupes sur eux-mêmes sans leur ouvrir de perspectives dans lesquelles il leur soit possible de sublimer leurs particularismes [72]. Les populations allogènes quittent ainsi leur prison mentale, dans laquelle leur complexe d'infériorité culturelle les a enfermées contre leur gré, pour leur prison communautaire, qu'elles croient avoir choisie.

À cet égard, la critique la plus incisive et la plus documentée du communautarisme reste celle de l'universitaire américain d'Harvard, Robert Putnam, qui, en 2007, a publié une étude portant sur 30 000 américains. Celle-ci soulignait la solidarité civique liée à l'homogénéité ethnique et, au contraire, montrait les effets pervers de la diversité ethnique, qui se traduisait par une abstention plus forte, une moindre participation aux associations, une moindre implication dans les projets intéressant la communauté (c'est-à-dire, au sens américain, l'ensemble du corps social, toutes communautés confondues) et des dons moins élevés aux associations caritatives. Il relevait le fait que, dans ces zones de diversité ethnique, on avait moitié moins confiance dans l'autre que dans les zones de plus grande homogénéité ethnique.

---

[72] Les media français ont longtemps été enthousiasmés par la perspective d'une France « Black, Blanc, Beur », après la victoire de l'équipe de France de football à la coupe du monde de 1998, jusqu'à un malheureux match France-Algérie au stade de France, en octobre 2001, au cours duquel la Marseillaise a été copieusement sifflée et le terrain envahi. Patatras !...

L'étude avait alors fait grand bruit, car elle allait à l'encontre de beaucoup d'idées reçues sur la solidarité intercommunautaire et la volonté des nouveaux immigrés de s'intégrer au sein de leur société d'accueil, au point qu'elle a été utilisée par les franges politiques les plus conservatrices pour justifier leur opposition à l'augmentation des quotas d'immigration et à la régularisation des travailleurs immigrés clandestins. Ils se sentaient d'autant plus fondé à la faire que l'auteur de l'étude est un politologue libéral, ce qui revient à dire, aux USA, qu'il est positionné à gauche sur le spectre politique [73].

Qu'est-ce qui, dans le domaine politique, favorise l'émergence du racisme ?

En politique intérieure, comme on l'a vu en introduction, il est certain que l'instrumentalisation de l'antiracisme aux fins de diabolisation d'adversaires constitue un obstacle direct à toute réflexion rationnelle sur la réalité du racisme. Comment combattre un phénomène aussi multifactoriel que l'est le racisme si on l'intègre à une stratégie politique, dont l'objectif essentiel, voire unique, est la conquête ou la conservation du pouvoir ? Il n'y a, dès lors, aucune raison que l'antiracisme politique, tel qu'il s'affirme actuellement, débouche sur une action continue et de longue haleine, pourtant nécessaire si l'on veut éradiquer ce mal qu'on appelle à combattre. L'action antiraciste est condamnée à bégayer au rythme des élections politiques auxquelles elle est directement ou indirectement associée [74]. L'inaptitude de ses thuriféraires à mener un travail de fond les conduit tout naturellement à préconiser un communautarisme qui tait sa nature, au nom du respect des identités. Ils contribuent ainsi de fait à l'enfermement des groupes ethniques dans leur quartier et à leur isolement social au détriment de l'universalisme qu'ils prônent par ailleurs en toute sincérité.

En politique extérieure, on a vu, avec l'exemple de la guerre du Biafra comment les

---

[73] Robert Putnam a contesté cette exploitation de ses recherches, en faisant remarquer que, sur le long terme, les effets positifs de la diversité ethnique l'emportaient sur ses effets négatifs, du fait d'un accroissement de la productivité dans les zones concernées. Cet argument, certes teinté d'économisme, est celui qui est le plus susceptible de susciter l'adhésion de l'Américain moyen.

[74] Pendant la campagne des élections présidentielles, les associations antiracistes, pour la plupart, ont pris l'habitude de soutenir un ou plusieurs candidats, au risque de se lier les mains lorsqu'il s'agira de réagir à la politique menée par leur poulain, une fois celui-ci élu. Et quand elles sont contraintes par l'actualité de rompre leur vœu de silence, elles ne le font qu'avec une prudente timidité.

stratégies géopolitiques se déploient rapidement et sans aucun scrupule sur tout nouveau « terrain de jeu », quitte à entretenir un conflit racial, si elles y trouvent un intérêt. Ce cas est, somme toute, plutôt répandu. Les guerres de l'ex-Yougoslavie sont considérées comme une illustration d'école de ce type de construction, dans la mesure où elles ne se sont pas déroulées dans un lointain et exotique pays africain, mais en Europe, au cœur de la civilisation occidentale.

L'une des conséquences de la première guerre mondiale a été la dissolution de l'Empire austro-hongrois et la création de l'État des Slovènes, des Croates et des Serbes, à la demande de ces peuples d'origine slaves. Cet État devint le Royaume de Yougoslavie, puis la république fédérale socialiste de Yougoslavie après la seconde guerre mondiale, sous la direction du maréchal Tito.

La Slovénie était essentiellement catholique, alors que les orthodoxes et les musulmans se partageaient le reste du pays. Aussi, était-il tentant pour ses dirigeants de mettre à profit, d'une part, la vacance politique succédant à la mort du maréchal Tito en 1980, qui avait été l'unificateur et le garant charismatique de l'unité de la fédération yougoslave, et, d'autre part, l'implosion de l'Union soviétique, très attachée à l'intégrité de la Yougoslavie face aux États-Unis et à l'OTAN. En décembre 1990, ils organisèrent un référendum en vue de l'accession à l'indépendance, qui fut ratifié par plus de 85% de la population. Compte tenu des hésitations des puissances étrangères à soutenir cette partition, qui allait à l'encontre des principes d'intangibilité des frontières issues de la guerre et créait un dangereux précédent, la Slovénie déclara unilatéralement son indépendance le 25 juin 1991. La Croatie en faisait de même, pour étouffer dans l'œuf toute velléité des Serbes de créer une « grande Serbie » à leur détriment. Après que les Slovènes eurent abattu deux hélicoptères de l'armée fédérale, qui avaient violé ce qu'ils considéraient comme leur espace aérien, les affrontements entre les deux armées augmentèrent en intensité, jusqu'au cessez-le-feu, qui déboucha sur les accords de Brioni du 7 juillet 1991.

Malgré les réticences du président français, François Mitterrand (« Il ne faut pas ajouter la guerre à la guerre »), les États européens soutinrent la logique d'indépendance de la Slovénie, sous l'impulsion de l'Allemagne réunifiée.

L'Allemagne n'est séparée géographiquement de la Slovénie que par l'Autriche, qui est son prolongement économique et culturel naturel. En outre, elle voulait profiter de l'implosion de l'Union soviétique, pour reconstruire son pouvoir d'influence sur la « Mittel Europa », ce que redoutait la France du président Mitterrand. Enfin, idéologiquement, elle assimilait la Serbie à son passé communiste, face à la démocratie naissante de la jeune Slovénie, et était sensible au lobbying des catholiques, emmenés par le pape Jean-Paul II, farouchement anticommuniste. Alors que les accords de Brioni étaient destinés à permettre l'ouverture de la conférence de paix sur la Yougoslavie, pour trouver une solution négociée au conflit, que la France espérait consensuelle, l'Allemagne reconnut officiellement et unilatéralement l'indépendance de la Slovénie et de la Croatie le 23 décembre 1991, premier grand pays à se lancer dans ce processus, alors que la constitution yougoslave stipulait que « les frontières de la République socialiste fédérative de Yougoslavie ne peuvent être modifiées sans l'accord de toutes les républiques et provinces autonomes » [75]. Les autres pays de la communauté européenne furent contraints de suivre, le 15 janvier 1992, pour sauver l'accord sur la politique étrangère et de sécurité commune, deuxième pilier du traité de Maastricht, qui venait d'être approuvé et devait être signé le mois suivant [76]. Dès lors, le champ était libre pour une guerre totale entre Serbes, Croates et Bosniaques, que ne retenaient plus ni les principes du droit international de l'après-guerre, ni leur propre constitution. Elle devait durer jusqu'aux accords de Dayton de novembre 1995, avec son cortège de pillages, d'exactions, de « nettoyages ethniques », de massacres de masse et de viols. Ceux qui connaissaient l'ancienne Yougoslavie se sont beaucoup demandé comment avaient pu s'entretuer des gens qui vivaient auparavant en quasi parfaite harmonie, avec des mariages mixtes fréquents et un nationalisme partagé quand les équipes de basket et de football yougoslaves accumulaient les victoires en Europe et dans le monde. La crise économique de la fin des années soixante-dix a indubitablement joué un rôle majeur, en cassant cette fragile unité d'une fédération très décentralisées et en favorisant le réveil des égoïsmes nationaux slovène, croate, serbe, bosniaque, macédonien ou monténégrin, y compris, dans le cas croate, avec des accents revanchards d'anciens vaincus de la deuxième guerre mondiale [77]. Les dirigeants

---

[75] Cf « La France face aux déclarations d'indépendance slovène et croate » -Patrick Michels – Revue d'études comparatives Est-Ouest, 1996.
[76] Ibidem.

slovènes, serbes et croates ont aussi une responsabilité écrasante dans le déclenchement et la poursuite de ce conflit, dans lequel ils ont vu un levier idéal pour leurs ambitions politiques personnelles, grâce au point d'appui que constituait l'exacerbation des nationalismes. Mais cette tragédie n'aurait jamais pris une telle ampleur sans l'intervention directe ou indirecte des puissances étrangères. Ainsi Catherine Samary, spécialiste des Balkans, notait-elle, dans son intervention au cours d'un colloque [78] : « La révolution yougoslave puis le régime titiste ont résisté aux rapports de domination que voulait imposer l'URSS stalinisée. Mais cela a impliqué une ouverture et dépendance plus grande envers l'environnement capitaliste, avec différentes phases. Il y eut des causes extérieures d'aggravation de la dette dans les années 1970-1980 : montée des taux d'intérêt des prêts externes, montée du prix du pétrole ; puis le rôle du FMI, et des enjeux géopolitiques. Dans un contexte intérieur de fragilité politique et socio-économique, les choix des grandes puissances deviennent essentiels. Les États-Unis voulaient en 1991 maintenir l'OTAN et l'étendre après la fin de la guerre froide. L'UE cherchait à se construire, sans aucune cohérence réelle interne et extérieure. Tous ces acteurs ont exploité la crise yougoslave en fonction de leurs intérêts propres, en jouant aux " pyromanes pompiers " ».

Il est rare que cette forme d'impérialisme idéologique, qu'est la recherche de l'hégémonie dans les relations internationales, ne soit pas un vecteur de racisme, ou bien du côté des puissances qui veulent justifier leur droit d'intervention dans des pays qui ne les ont pas agressés les premiers, ce qui rend difficile l'évocation du droit de légitime défense, ou bien du côté des pays sous influence, qui voient se libérer en leur sein les forces de polarisation politique et ethnique, qu'un passé unitaire et une vision d'avenir commune ne compriment plus. La Yougoslavie de l'après Tito n'a pas échappé à la règle. Si le mot n'est pas prononcé, c'est bien un conflit tribal, donc raciste, que décrit l'historien et politologue Jacques Semelin, créateur du cours de Sciences-po sur les génocides et les violences de masse : « C'est un point important en effet : ces violences ont un objectif, prendre le contrôle du territoire, et faire partir

---

[77] Pendant la seconde guerre mondiale, les « oustachis » croates s'étaient rangés du côté des forces de l'axe, face aux Serbes, qui étaient du côté des alliés. Le drapeau à damier rouge et blanc de l'indépendance croate est d'ailleurs celui qu'arboraient les « oustachis » pendant la guerre.
[78] « Pour une lecture profane des conflits et des guerres – En finir avec les interprétations ethnico-religieuses » - 25 octobre 2014.

les gens qui ne sont pas de la communauté. Les civils sont donc un enjeu fondamental. En général, on présente le massacre comme quelque chose d'incompréhensible, mais en réalité il y a une rationalité dans ces processus atroces : non seulement faire fuir mais surtout imposer l'idée que toute vie commune est désormais inconcevable. C'est pourquoi, plutôt que de "guerre civile", je parlerais d'une "guerre contre les civils", dans la mesure où ces derniers sont l'enjeu de la guerre et du découpage territorial. En même temps dans cette violence, il faut dire, aussi choquant cela soit-il, qu'il y a de la fête, de la transe, de la folie. La guerre, par définition, c'est le temps social de la transgression. En général, cette transgression peut être contrôlée au sein d'une armée. Mais, dans cette forme de guerre, menée avec des miliciens, des paramilitaires, il y a de l'organisation et du laisser-faire. […] Par définition la guerre civile est une guerre de proximité, c'cst-à-dire une guerre qui implique un face-à-face, un corps-à-corps, où vous êtes proche physiquement de votre ennemi. Cette proximité produit de l'atrocité, du massacre. Parce que celui qui est en face de vous, que l'on vous a présenté comme un ennemi, a terriblement face humaine, et vous ressemble. Alors vous en rajoutez dans l'horreur pour détruire au plus vite ce qu'il y avait d'humain dans l'autre. Le processus de destruction est une mise à distance de l'humanité de l'autre. Tout cela, on le retrouve en Croatie et en Bosnie dans la destruction des non-combattants. […] Il faut enfin dire que, dans l'acte atroce, on exprime quelque chose de son groupe. Les tueurs redonnent du sens à l'acte même de barbarie, en signant leur crime de l'identité du groupe. Ce peut être, par exemple, la manière de disposer les corps. Dans le cas de l'ex-Yougoslavie, c'est l'égorgement au couteau, typique d'une pratique agricole, qui domine chez les Serbes et les Croates [79]. ».

Il est rare, aussi, que l'intervention de puissances étrangères règle à elle seule en quelques années les conflits ethniques qu'elle a exacerbés. La nouvelle balkanisation de la Yougoslavie, après celle de 1941, à la suite de son invasion par l'Allemagne [80] , demeure un risque pour l'Europe, que les analystes négligent peut-être imprudemment. Que l'Union Européenne finisse par intégrer tous les anciens États de l'ex-Yougoslavie, ou qu'elle n'en intègre que certains, il est loin d'être sûr qu'un lourd passé, violent et séculaire, n'émergera pas à nouveau de cette mer pacifique

---

[79] Revue « L'Histoire » - juillet 2006.
[80] La Yougoslavie s'appelait alors « Royaume des Serbes, Croates et Slovènes ».

que rêve d'être le continent. Selon Marx, l'histoire se répète toujours deux fois : « la première fois comme tragédie, la seconde fois comme farce » [81]. La tragédie s'est déroulée de 1991 à 1995 ; la farce reste à venir [82].

Mais les évolutions sociales, comme les stratégies politiques, sont loin de tarir la source des réflexions qui doivent être menées sur le racisme. Bien au contraire, elles sont tellement corrélées à des situations conjoncturelles spécifiques, propres à chaque région, à chaque pays, à chaque continent, qu'elles s'apparentent bien souvent de fait à des épiphénomènes. Même si elles sont potentiellement porteuses de conséquences lourdes pour l'avenir, comme on l'a vu pour le cas de l'Europe, il faut donc chercher plus loin la force souterraine qui met en mouvement le racisme sur longue période. Il faut dès lors accepter de s'aventurer dans le champ économique.

Qu'est-ce qui, dans le domaine économique, favorise l'émergence du racisme ?

L'économie n'est jamais que le mode de mise en relation des facteurs de production (sol, sous-sol, capital et travail) pour répondre à une demande de produits et de services, soit exprimée, soit anticipée. Quand le travail était le principal facteur de production, l'esclavage était le seul système de production qui satisfît la croissance de la demande, dans la mesure où celle-ci restait dans des limites raisonnables. Même rapporté à leur faible productivité, le coût des esclaves était suffisamment faible pour que leur exploitation rapporte des bénéfices, réutilisables dans la sphère de l'investissement et celle de la consommation. C'est la raison pour laquelle, en dépit des efforts des humanistes et de quelques politiques lucides, il fallut attendre la première révolution industrielle et la généralisation du salariat qu'elle impliquait pour que la traite, dans un premier temps, et l'esclavage, ensuite, soient abolis. Pendant cette période de plusieurs siècles, le terme de racisme n'existait tout

---

[81] Karl Marx : « Le 18 brumaire de Louis Bonaparte » - mars 1852.
[82] L'Europe a regardé avec horreur l'explosion de haines interethniques qui a prévalu dans l'ex-Yougoslavie, comme si l'expression du racisme, sous quelque forme que ce soit, n'était plus concevable sur le continent après la tragédie de la Shoah. Pourtant, la Suède, de 1935 à 1976, a mené en toute impunité une politique eugéniste, sans que beaucoup de media et d'intellectuels ne s'émeuvent de la stérilisation forcée de populations métissées (entre autres), parce que censées être dangereuses biologiquement. Ce n'est qu'en 1997, soit après la fin de la guerre civile yougoslave, que la société suédoise s'est résolue à affronter son passé, à la suite d'une enquête du journaliste Maciej Zaremba. Les réactions en 2016 de plusieurs gouvernements de l'Union Européenne à l'occasion de la crise des migrations semblent confirmer que le refoulé du racisme n'attend plus qu'un prétexte pour faire son retour.

simplement pas, tant il était clair que les races étaient suffisamment différentes pour qu'on les hiérarchisât, et que les distinguer d'une façon ou d'une autre était naturel. Notons cependant que, sous l'Empire romain, les grandes villes étaient cosmopolites et multiraciales. Le racisme, tel qu'on l'entend aujourd'hui, ne visait pas les races, au-delà des préjugés courants habituels, mais les esclaves, qui n'étaient juridiquement que des biens meubles, indépendamment de leur origine ou de leur couleur de peau, et les plébéiens, que les aristocrates et les chevaliers méprisaient profondément. Le racisme était donc plutôt un phénomène de classe.

La traite et l'exploitation esclavagiste sont à la source du racisme actuel, en ce sens que, pour la première fois, du moins en Occident, la notion de race a été associée à la fois à un phénotype particulier (la couleur de la peau) et au maintien dans une situation d'asservissement. Jusqu'alors, l'asservissement était réservé aux tribus et aux peuples conquis, quelle que soit leur couleur de peau. Il y avait ainsi, par exemple, quasi pas de différence morphologique entre les Égyptiens et les Juifs, qu'ils avaient réduits à l'esclavage, ou entre les Francs de Charlemagne et les Saxons, qui subiront bien plus tard le même sort. **Il est donc permis de dire que l'émergence du racisme marque la forme ultime du système d'exploitation esclavagiste, tout autant qu'il préfigure le salariat, avec le regroupement de la main-d'œuvre sur les lieux de production, que ce soient des champs ou des ateliers.**

La deuxième révolution industrielle consacre le capitalisme comme mode de production dominant, avec l'expansion coloniale, qui est la suite logique de son développement, mais aussi la condition de celui-ci. En effet, le capitalisme ne saurait se contenir à l'intérieur des limites nationales, qui n'ont aucune signification économique pour lui, en dehors des règles sociales et fiscales, dont il s'accommode si facilement que les gouvernements préfèrent les adapter à ses besoins in fine. L'expansion coloniale lui permet d'accéder à de nouveaux marchés et à de nouvelles ressources, en matières premières comme en main-d'oeuvre. Compte tenu des résistances religieuses, philosophiques et politiques à ce processus, notamment du fait des progrès des mouvements travaillistes, socialistes et révolutionnaires, cette expansion ne doit pas avancer à visage découvert. Les forces qui la mettent en œuvre sont donc contraintes à l'habiller de vertus civilisatrices, afin qu'elle fasse consensus.

À cet égard, le discours de Jules Ferry à l'assemblée nationale, en juillet 1885, au début de la IIIème République, est édifiant. Cet homme politique éminent, républicain convaincu, janséniste et franc-maçon, qui se réclame fièrement des lumières, revendique le fait que « la politique d'expansion coloniale est un système politique et économique », et que « les races supérieures ont un droit vis-à-vis des races inférieures », qu'elles ont « le devoir de civiliser ». Au-delà des questions éthiques et philosophiques, il exposait ainsi clairement ce que beaucoup, après lui, ont cherché à taire : le racisme était à la base du système politique et économique de la IIIème République. Car les débats de l'assemblée national montrent que si beaucoup se sont élevés contre le racisme sous-jacent à la politique coloniale [83], il ne s'est trouvé aucune voix pour remettre celle-ci en cause dans ses fondamentaux. Or, quels que soient les états d'âme des uns et des autres, le racisme est indissociable de la politique d'expansion coloniale, car sinon celle-ci devrait respecter les droits de l'homme, à un niveau comparable à la pratique métropolitaine [84]. C'est-à-dire que la politique coloniale deviendrait purement et simplement hors de prix, compte tenu de l'état de développement des économies et des sociétés indigènes.

Il faut d'ailleurs constater que ce n'est pas un simple accident de l'histoire si le pays qui a mené la politique raciale la plus conséquente a été l'Allemagne des années trente. Ce pays avait été privé de colonies après avoir perdu la guerre de 14-18. Sa seule possibilité d'expansion coloniale était donc son voisinage européen immédiat. Si ce peuple, qui n'était pas spontanément enclin au racisme, a finalement cédé aux sirènes national-socialistes, c'est parce que, dans un contexte d'exacerbation de la concurrence internationale en fin de cycle de la deuxième révolution industrielle,

---

[83] Georges Clémenceau a été particulièrement brillant et lucide à cet occasion, en répondant à Jules Ferry, à la tribune de l'Assemblée nationale : « Regardez l'histoire de la conquête de ces peuples, que vous dites barbares, et vous y verrez la violence, tous les crimes déchaînés, l'oppression, le sang coulant à flots, le faible opprimé, tyrannisé par le vainqueur ! Voilà l'histoire de notre civilisation ! »

[84] Paradoxalement, la mise en œuvre d'une politique coloniale, assise sur un racisme idéologique, a peut-être évité à la France de tomber dans les excès de la politique raciale national-socialiste, qui visait à l'élimination à terme des races inférieures. Cette forme de racisme radical était incompatible avec la construction d'un Empire français d'outre-mer. Et pourtant, la communauté scientifique française n'était pas imperméable à l'eugénisme racial, puisque Charles Richet, prix Nobel de médecine en 1913, préconisait la pratique de « la sélection spécifique », en écartant tout mélange avec les « races inférieures » et en prônant l'élimination de celles-ci par « une autorité ». La peur de la dépopulation, chez les politiques, et les réticences de la plupart des scientifiques à assumer le passage du lamarckisme (transformisme), théorie bien française, au darwinisme (sélection naturelle), théorie britannique, jouèrent aussi un rôle salvateur (cf Laurence Perbal : « Une brève histoire de la génétique humaine » - Hermann, novembre 2014). Il arrive que le patriotisme étroit ait quelque vertu !

l'Allemagne devait compenser ce handicap d'une façon ou d'une autre [85]. Elle l'a fait en poussant la logique d'exploitation des ressources humaines jusqu'à son point ultime : l'esclavage des peuples soumis (« l'espace vital »), dont le racisme, avec pour clef de voûte l'antisémitisme, était une enveloppe idéologique utile. Une fois cette voie d'adaptation définie, il n'y avait plus possibilité de retour en arrière dans un contexte de guerre totale, y compris vers la fin de celle-ci, quand les énergies auraient dû se regrouper autour de la défense de la mère patrie, face à l'avancée sur deux fronts des alliés. La volonté de guerre totale était incompatible avec tout relâchement dans la persécution des Juifs, qui avait fait partie de ses prémisses. Bien au contraire, aller plus loin dans la guerre impliquait d'aller plus loin dans la persécution, jusqu'au génocide. Dans son livre : « Eichman à Jérusalem » [86], Hannah Arendt a montré comment, avant d'organiser, sans état d'âme, le transfert des Juifs dans les camps de concentration, Eichmann avait essayé vainement de trouver une solution autre que la « solution finale », en les déportant hors d'Europe (Madagascar, par exemple). Doté d'une intelligence de simple exécutant (la « banalité du mal », selon la formule d'Hannah Arendt), il n'avait pas compris la logique ultime de sa mission, celle qui finirait par s'imposer à lui. Il n'est pas sûr d'ailleurs que ses supérieurs hiérarchiques, jusqu'au sommet du Reich, l'aient davantage compris. Les dirigeants du IIIème Reich ne voyait que la logique militaire, qu'ils maîtrisaient bien, alors que c'est la logique économique qui avait mis l'histoire en mouvement et que cette force les dépassait. Pour paraphraser ce que disait Léon Tolstoï de Napoléon dans « La guerre et la paix », ils étaient « comme un enfant dans une calèche, qui est emporté par celle-ci, mais croit la diriger en agitant ses petits bras ».

Selon Albert Dauzat [87], les mots « raciste » et « racisme » ne sont apparus dans le dictionnaire Larousse qu'en 1932. Alors que, on l'a vu, le racisme imprégnait l'idéologie et la politique extérieure de la IIIème République, cette qualification

---

[85] Dans son livre précité, « Sur l'antisémitisme », Hannah Arendt relève que, à la fin du XVIIIème siècle, la pièce de W. Shakespeare, « Le marchand de Venise », dont le personnage principal le plus odieux est le Juif Shylock, ne pouvait être jouée à Berlin qu'assortie d'un prologue d'excuse adressé au public juif. De même, le chargé d'affaires allemand à Paris écrivait en 1899 que, en raison de la condamnation du capitaine Dreyfus, la France « s'excluait elle-même de la liste des nations civilisées ».

[86] « Eichmann à Jérusalem » - Gallimard, 1966 – traduction : Anne Guérin.

[87] Linguiste français, auteur du « dictionnaire étymologique de la langue française » - Larousse, 1938-, qui est encore de nos jours un ouvrage de référence.

tardive d'une pratique prouve bien que celle-ci n'avait pas besoin auparavant d'être nommée, tant elle était naturelle, voire scientifique si l'on pense à l'accueil plus que bienveillant, qu'ont reçu, en particulier en Allemagne, dans certains milieux, les théories d'Arthur de Gobineau, exprimées dès 1853 dans son ouvrage : « Essai sur l'inégalité des races humaines ». Un siècle auparavant, le naturaliste Carl von Linné avait déjà essayé de classer les êtres humains en fonction de la couleur de leur peau [88] . Carl von Linné distinguait ainsi l'Europaeus albus - ingénieux, élégant, inventif, blanc, sanguin, gouverné par les lois – ; l'Americanis luridus - tenace, content de son sort, aimant la liberté, basané, irascible, gouverné par la coutume - ; l'Asiaticus luridus - arrogant, avare, jaunâtre, mélancolique, gouverné par l'opinion- et l'Afer niger - rusé, paresseux, négligent, noir, flegmatique, gouverné par le caprice. On voit que cette classification induit une hiérarchie implicite, qui légitimait les rapports de domination nécessaires à l'expansion de la première révolution industrielle.

Si l'on admet que, sur le plan économique, la deuxième révolution industrielle a prolongé le racisme à l'œuvre à l'époque de la traite, qu'en est-il de la troisième révolution industrielle, celle de l'informatique et du numérique, matrices techniques auxquelles on adjoindra la robotisation, l'intelligence artificielle et les biotechnologies, même si, selon certains, celles-ci préfigurent déjà la quatrième révolution industrielle ?

Nous ne disposons évidemment pas du recul historique nécessaire pour asseoir notre analyse, compte tenu de la durée relativement longue des cycles économiques (de l'ordre d'une génération). Cependant, à la lumière de celles qui l'ont précédée, il semble que la troisième révolution industrielle n'a pas réussi à libérer l'économie des facilités de l'instrumentalisation raciste. La traite et l'esclavage ont disparu. Le colonialisme, a aussi disparu, du moins sous ses formes les plus radicales (politique de la canonnière et domination politico-financière néocoloniale), et, en tout cas, n'est plus en mesure d'invoquer sa mission civilisatrice. Mais la nécessité vitale pour le capitalisme de s'étendre à travers le monde n'a pas disparu. Plus qu'avant, elle se

---

[88] Selon l'universitaire québécoise micheline Labelle, il fut le premier à utiliser la couleur de la peau comme critère de classification (« Un lexique du racisme : étude sur les définitions opérationnelles relatives au racisme et aux phénomènes connexes » – étude réalisée en 2009 sous contrat avec l'UNESCO et en partenariat avec le projet de la Coalition internationale des villes contre le racisme).

heurte maintenant à la diversité des cultures. Si celles-ci s'accommodaient sans gros problème de l'arrivée de la machine à vapeur, du salariat, des chemins de fer, des automobiles, de l'électricité, du développement de l'automatisation, de la métallurgie, de la chimie et de la sidérurgie, principaux vecteurs et constituants des première et deuxième révolutions industrielles, si la généralisation des outils informatiques n'a pas non plus rencontré de réelle résistance, il risque de ne pas en être de même en ce qui concerne les innovations en biotechnologie et l'extension du numérique. Car on touche ici à ce qui constitue l'âme d'une nation et d'un peuple : son imaginaire, sous le double angle de sa représentation du présent et de sa projection dans l'avenir.

Internet n'est pas un simple réseau technique et les services qui sont proposés par son intermédiaire ne sont pas neutres. Le media et son contenu façonnent la façon dont leurs utilisateurs gèrent leur temps de travail, sous la pression des messageries professionnelles, et leur temps de loisirs, sous celle des sites d'information générale et des réseaux sociaux. Internet part à la conquête du « temps de cerveau disponible », pour reprendre l'expression célèbre d'un dirigeant de TF1, comme les multinationales partaient jadis à l'assaut des marchés mondiaux. Insensiblement, il ne s'agit plus seulement d'afficher sa modernité, d'être « dans le coup », mais de répondre aux sollicitations de la vie quotidienne, venant de son entreprise, de son administration, des services publics, de sa famille et de ses amis. Le citoyen est pris dans la « toile », qui en sait de plus en plus sur lui, sur ses activités, ses centres d'intérêt, ses idées et ses rêves. Pierre-Simon de Laplace, l'un des scientifiques français les plus renommés et les plus respectés de la première moitié du XIXème siècle, écrivait en 1840, dans l'introduction de son « Essai philosophique sur les probabilités » : « Une intelligence qui, pour un instant donné, connaîtrait toutes les forces dont la nature est animée, et la situation respective des êtres qui la composent, si d'ailleurs elle était assez vaste pour soumettre ces données à l'Analyse, embrasserait dans la même formule les mouvements des plus grands corps de l'univers et ceux du plus léger atome : rien ne serait incertain pour elle et l'avenir, comme le passé, serait présent à ses yeux. ». Internet n'est certes pas cette intelligence, mais sa puissance de recherche et les mises en relation qu'il autorise convergent vers le point où les progrès en matière d'intelligence artificielle ouvriront à moyen terme des perspectives de contrôle partiel des individus connectés. Les entreprises qui impulsent le développement d'internet n'aspirent cependant pas à ce contrôle. Leur objectif implicite se limite à la maîtrise des briques de celui-ci, qui relèvent de la sphère commerciale. Elles ambitionnent simplement de devenir des assistants personnels du maximum de clients potentiels dans leur domaine d'activité propre. Une société spécialisée dans la vente de meubles, par exemple, qui connaîtrait la catégorie socioprofessionnelle d'un usager d'une messagerie publique ou d'un réseau social, ses intentions de déménagement ou son rythme de changement de son mobilier, l'ancienneté de celui-ci, ses probabilités de mariage, de paternité ou de maternité, pourrait établir le contact avec lui pour lui adresser des propositions commerciales personnalisées au moment le plus opportun. Or, toutes ces données sont ou seront bientôt accessibles grâce aux méthodes modernes de prospection, tel le « data mining ». De la connaissance des tendances consuméristes des citoyens à la tentation de les influencer, il n'y a qu'un pas, que des multinationales auront tôt fait de franchir, en collaborant avec des plateformes de prospection qui ne manqueront pas de se multiplier, processus déjà en cours, avant de se concentrer conformément aux règles d'efficacité capitalistes.

L'expansion du numérique, en transformant les media traditionnels, tels la radio et la télévision, et en confinant les nouveaux dans sa logique, crée ses nouveaux clercs, au service de son hégémonie. Ceux-ci se heurtent immanquablement aux clercs déjà en place, conflit irréductible, dont le « choc des civilisations », cher à Samuel Huntington n'est qu'un astucieux avatar. Les clivages civilisationnels et religieux ne sont pas destinés à combler le vide prétendument laissé par l'atténuation des affrontements politiques et idéologiques internationaux du fait de la fin de la guerre froide. On n'assiste pas seulement, aujourd'hui, à un réveil de l'Islam moyen-oriental face au déferlement du matérialisme occidental. On vit une résistance de franges importantes de la population de pays soumis à une dépendance post-coloniale, face au sentiment croissant qu'on les dépossède lentement également de leur conscience. La dépendance post-coloniale est, à bien des égards, pire que la dépendance néocoloniale, en ce sens que des pays, indépendants juridiquement, restent soumis à des nations étrangères, généralement leurs anciens tuteurs, du fait du rapport des forces international et de leur non-maîtrise des termes de l'échange. La fixation des prix des matières premières et les circuits de financement leur échappent ainsi complètement. Cette contradiction concrète entre autonomie légale et soumission réelle se reflète dans la sphère culturelle et celle de la vie quotidienne, en favorisant le repli sur soi. Or, la mondialisation numérique est par essence incompatible avec ce type de comportement. Elle vient traquer l'âme dans son dernier refuge. En ce qui concerne plus spécifiquement internet, on pourrait dire qu'il y a conflit entre deux réseaux : d'un côté le web, de l'autre le réseau tel que l'entendait Nietzsche, quand il écrivait : « la conscience n'est qu'un réseau de communications entre les hommes » [89] . Cette dépendance à la famille, à la tribu, au cercle des relations intimes, est une « terrible nécessité » pour l'homme, « le plus menacé des animaux ». C'est en cela que les réseaux, qui lui imposent le mode extérieur et lui sont imposés par celui-ci, sont plus ou moins inconsciemment perçus comme des externalités agressives. L'homme reste un « animal social », qui résistera toujours férocement, avec tous les moyens dont il dispose, y compris les pires, à toute invasion de son champ relationnel par qui que ce soit.

En outre, l'extension du numérique accélère le processus de mondialisation. En gros, les emplois qualifiés restent au Nord, les emplois liés à la fabrication des produits se développant au Sud, par le biais des délocalisations, qui n'ont pas vocation à être définitives. La création de richesse endogène est donc le plus souvent insuffisante pour que les populations du Sud s'investissent avec confiance dans l'avenir. Dès lors, à l'exode rural des deux premières révolutions industrielles succède l'émigration économique de la troisième. Les populations des pays du Nord sont confrontées à une immigration qui n'est plus comme avant conjoncturelle, mais structurelle, car, d'une part, les nouveaux entrants manifestent rarement le désir de repartir après avoir assuré la subsistance de leur famille, et, d'autre part, les emplois qu'ils occupent ne sont pas limités aux seuls secteurs déficitaires. La frontière entre « indigènes » et « allogènes » n'est plus visible, d'où un sentiment de déclassement d'une frange substantielle des populations des pays du Nord, que les nouveaux entrants ne cherchent guère à apaiser, en privilégiant les regroupements communautaristes, par stratégie professionnelle ou par nécessité. **La première source des comportements et des propos racistes dans les sociétés occidentales dans la phase actuelle de la troisième révolution industrielle est donc bien la peur du déclassement des populations les plus exposées, et pas nécessairement les plus pauvres.**

---

[89] Friedrich Nietzsche : « Le gai savoir » - 1882.

Il en est une autre, beaucoup moins classique et, par conséquent, rarement identifiée par les sociologues et la majorité des observateurs. La troisième révolution industrielle, comme les précédentes, a besoin d'imposer l'inéluctabilité et la légitimité de son cours. Dans plusieurs pays, pas uniquement occidentaux, les deux premières avaient entraîné la création de mouvements radicaux d'opposition et induit des révolutions. Il est donc compréhensible que les forces au pouvoir dans les pays développés s'efforcent de préserver leurs populations des mêmes aventures et leurs citoyens des mêmes tentations. Le changement de mode de production, qu'impliquent les débuts de la troisième révolution industrielle, mérite une gestion politique fine et prudente. Le communautarisme répond assez bien à cette nécessité, dans la mesure où il préserve au sein du corps social un équilibre des revendications spécifiques ainsi que des pouvoirs des lobbies ethniques. Il ne saurait néanmoins suffire si le maintien de cet équilibre n'est pas assuré par un contrôle adapté des flux d'immigration, ou si une communauté ne se satisfait plus de cette répartition, soit parce qu'elle la juge en sa défaveur, soit parce qu'elle souhaite la modifier à son avantage, estimant qu'elle en a les moyens politiques. À ce danger, qu'une pratique empirique de la gestion communautaire reposant sur l'expérience et le « benchmarking » permet de pallier, tant qu'elle est acceptée, s'en ajoute un deuxième, issu du caractère conflictuel de la mondialisation en cours. En effet, les vecteurs militaires, diplomatiques et financiers de la seconde révolution industrielle, portés par les anciennes puissances coloniales, se sont progressivement effacés derrière les pressions politiques, monétaires et économiques des États et alliances d'États hégémoniques modernes, qui, instruits par les guerres impérialistes destructrices du XXème siècle, se sont résolues à composer, en se répartissant les zones d'influences ainsi que les terrains de chasse pour leurs multinationales. Mais elles ont alors externalisé leurs conflits au sein des pays dominés, qui sont les réceptacles de leurs ambitions, et qui les réexportent sous les formes propres qu'ils leur ont données au fil du temps, lorsque leurs populations sont réduites à émigrer. Les contradictions internationales se transforment ainsi en contradictions locales, qui se métamorphosent sous une forme abâtardie à leur retour dans les pays qui les ont générées. Ce cycle des contradictions constitue clairement une menace potentielle et imprévisible pour la stabilité des rapports intercommunautaires. Déséquilibre des flux migratoires d'un côté, antagonisme des contradictions intercommunautaires de l'autre, **conjurer ce double péril revient à accepter de mener une politique de gestion des communautés, forme moderne des politiques raciales antérieures.**

Il faut aussi tenir compte de l'autre pilier de la troisième révolution industrielle : l'essor des biotechnologies. Après avoir colonisé la conscience humaine à son profit, le capitalisme tend maintenant à préempter le corps humain. La science offre des possibilités nouvelles pour réparer les corps, avec les prothèses produites par impression 3D ou fabriquées à partir de cellules souches, pour prévenir et soigner les maladies autrefois incurables, avec la thérapie génique, pour sélectionner les fœtus dès le début de la phase de grossesse ou encore pour créer de nouveaux types de famille, avec la GPA. Des scientifiques rêvent déjà d'atteindre le stade ultime et vertigineux, que devrait être le transhumanisme. Même dans les sociétés occidentales les moins conservatrices, cette évolution ne manque pas d'interroger les philosophes, les religieux, les politiques et les citoyens [90]. Dans les pays dont la culture est profondément imprégnée de principes religieux, elle inquiète franchement. Elle illustre pour leurs populations les excès du progrès et de la modernité. Or, au sein de leurs pays d'accueil, celles-ci ont dû s'organiser en communautés, pour s'adapter aux flux migratoires induits par l'extension du numérique (cf supra). Leurs réticences n'en prendront que plus de force, ne serait-ce que parce qu'elles s'auto-entretiendront. La question est de savoir si l'essor des biotechnologies peut s'accommoder de ces résistances, le temps qu'elles s'atténuent, voire disparaissent. L'expérience des précédentes révolutions industrielles ne plaide pas en faveur d'une telle hypothèse. La vocation des changements de mode de production est de s'étendre, en interne d'abord, en externe ensuite, et leur pente naturelle est de créer le consensus, quitte à opposer entre elles les forces qui s'y refusent. Il est à prévoir que le développement des biotechnologies élargira non seulement les fractures entre indigènes et allogènes, mais aussi entre communautés, en fonction des différences culturelles existant entre elles et des distorsions d'évolution de celles-ci. Alors, la gestion chaotique des frictions entre communautés, dues à des modes de vie

---

[90] En 1986, le biologiste Jacques Testart, à l'origine du premier « bébé éprouvette » français, annonça sa décision d'arrêter la recherche en procréation assistée, quand elle risquait d'induire « un changement radical de la personne humaine ». Cette déclaration fit l'effet d'une bombe, car elle revenait à soumettre la recherche à des principes moraux et impliquait un contrôle des citoyens. Force est de constater que son cri d'alarme prémonitoire s'est perdu dans les sables du désert sans éthique du monde des financiers voraces, des scientifiques exaltés et des politiques incultes, aveuglés par le mirage de la toute-puissance. Jupiter rend fou ceux qu'il veut perdre…

divergents, devra laisser la place à un management plus rationnel, ce qui implique l'indication d'une direction à suivre et la stigmatisation implicite de ceux qui ont choisi de s'en écarter. Si, en matière d'action médicalisée sur les corps, il est toujours possible de marginaliser les petites communautés, tels les Témoins de Jéhovah en Europe ou les Amish aux États-Unis, il est beaucoup plus difficile d'en faire de même avec des communautés importantes, quand le sujet devient sociétal. On en a eu un aperçu en France lors du débat sur « le mariage pour tous », qui a rapidement dégénéré en affrontement frontal autour de la question des limites de la PMA et de la GPA, en contribuant à accroître l'homophobie, au moins sur une courte période, alors que ce phénomène discriminant était jusqu'alors en baisse régulière. Dans beaucoup de pays, le fragile équilibre intercommunautaire risque de se fracasser sur le versant sociétal de la problématique des biotechnologies [91].

De surcroît, il est fort à craindre que l'intervention des États en pointe dans le domaine du numérique et des biotechnologies pousse à une internationalisation à marche forcée de la troisième révolution industrielle, pour des raisons économiques, financières et idéologiques évidentes. Il est dommage que ceux qui doutent de l'importance de l'idéologie depuis la fin de la guerre froide aient oublié les débuts de celle-ci. Quand l'équilibre militaire avait été atteint, limitant le risque d'un attaque-surprise d'un camp par l'autre, le dirigeant soviétique, Nikita Khroutchev, avait rencontré le vice-président des États-Unis, Richard Nixon, lors de l'exposition nationale américaine (American National Exhibition) organisée à Moscou, en juillet 1959. Richard Nixon et Nikita Khroutchev avaient âprement débattu des mérites respectifs de « l'American Way of Life » et du socialisme, devant les équipements électroménagers exposés, qui étaient supposés mettre en valeur le confort des appartements des ouvriers américains par comparaison aux tristes appartements communautaires des ouvriers soviétiques [92]. La confrontation idéologique prenait le pas sur l'équilibre de la terreur, parce que Richard Nixon avait anticipé le poids qu'allait prendre ce qu'on désignera bien plus tard sous le nom de « soft power ».

---

[91] Significatif à cet égard est l'échec de la conférence d'Alosimar, en février 1975, en Californie, qui avait réuni en pleine guerre froide 150 chercheurs du monde entier pour réfléchir sur les risques des manipulations génétiques. La conférence prit fin sans que ce ceux-ci n'aient pu se mettre d'accord sur un moratoire en la matière. Depuis, les apprentis-sorciers de la génétique ont accepté de lâcher sans contrôle les chevaux de l'Apocalypse.

[92] C'est la raison pour laquelle cet épisode est passé dans les annales sous le nom de « kitchen debate ».

Quand il sera élu président des États-Unis, quelques années plus tard, il ira plus loin, visant aussi cette fois les concurrents européens et asiatiques de l'industrie américaine, en déclarant : « Ce que les Américains ont à vendre au monde, ce ne sont pas leurs machines à laver, ce ne sont pas leurs voitures ou encore leurs avions, c'est l'American Way of Life. » [93]. Il n'est pas d'expansion économique et financière durable sans idéologie. Le « soft power », c'est toujours la Liberté et les Droits de l'homme, c'est toujours Hollywood et ses « happy end », c'est toujours la conquête de l'espace, où mars a remplacé la lune, c'est encore le « rêve américain », mais c'est de plus en plus le financement des ONG, la lutte contre le terrorisme, l'utilisation ciblée de la Cour Pénale Internationale, ainsi que l'extra-territorialité du droit américain et de ses tribunaux. La prochaine étape, dont on assiste aujourd'hui aux débuts discrets, verra l'imposition du principe de l'extra-territorialité du numérique. Les États seront appelés à accepter la liberté de circulation des données, quelles que soient les lois de protection des citoyens votées par leur parlement ou les linéaments de leur culture juridique et constitutionnelle. Les panaches de fumée menaçants des « noirs vaisseaux » du commodore Perry sont déjà visibles à l'horizon de l'océan du web [94]. **Or, il n'est pas d'internationalisation imposée qui ne porte en elle l'idée de supériorité d'un pays, d'une culture, d'un peuple sur d'autres.** Le prix à payer pour l'essor de la troisième révolution industrielle sera, comme pour celles qui l'ont précédée, la recherche d'un consensus qui justifie culturellement la domination d'une partie du monde sur une autre. On ne parlera pas de races, évidemment ; on parlera de communautés, puisque le mot existe et n'est pas encore connoté négativement. Ou on trouvera un mot politiquement correct pour nommer une réalité qui l'est beaucoup moins. Gageons que ce mot existe déjà, enfoui parmi les dizaines de milliers de pages, les milliers d'articles et de livres qui sont publiés chaque jour pour exalter l'avenir radieux que nous promettent le numérique et les biotechnologies.

---

[93] Sur l'importance de « l'American Way of Life » comme vecteur de puissance des États-Unis, on lira utilement l'article de l'universitaire Emily S. Rosenberg – traduit par Romain Huret et publié dans les Cahiers d'Histoire en 2009 : « Le "modèle américain" de consommation de masse ».
[94] En juillet 1853, les États-Unis d'Amérique dépêchèrent une flotte de quatre canonnières pour forcer les Japonais à négocier un traité commercial avec eux et ainsi mettre fin à leur politique isolationniste. La couleur noire évoque la coque de ces navires, qui étaient badigeonnées de goudron.

IV

L'analyse historico-économique et géoculturelle qui vient d'être menée, ou du moins ébauchée, conduit à proposer les thèses suivantes :

1) Le racisme est un concept confus, ce qui se traduit par une difficulté frappante à trouver une définition irréductible à d'autres notions ou concepts (ethnicisme, xénophobie, ethnocentrisme, antisémitisme, homophobie, voire paranoïa...). Dans son étude précitée (« Un lexique du racisme : étude sur les définitions opérationnelles relatives au racisme et aux phénomènes connexes »), l'universitaire québécoise Micheline Labelle remarque que « les instruments internationaux et nationaux recourent largement à la notion de « race » pour combattre le racisme et, par le fait même, ils contribuent à la reproduction des représentations qui y sont associées. Les cibles du racisme sont souvent confondues dans une même totalité. Les préjugés ne sont pas distingués des pratiques sociales. ». D'ailleurs, comment prétendre définir le racisme, sans s'appuyer sur la notion de race, à laquelle ni les scientifiques, ni les sociologues, ni les politiques ne reconnaissent la moindre pertinence ? C'est pourquoi, au début du présent essai, on avait retenu la définition la plus large possible du racisme, à savoir « un comportement conscient visant à l'exclusion de groupes de populations en fonction de leurs caractéristiques particulières », qui présente l'avantage de ne pas connoter la notion de race. On pourrait aussi restreindre le champ de cette définition en recourant, comme Micheline Labelle le fait, au concept de « groupe racisé », qui permet de bien distinguer le signifiant (volonté d'exclusion d'un groupe de personne) du signifié (mise en avant d'une différence d'apparence). Il faut cependant garder à l'esprit que ce concept est susceptible de se prêter à une interprétation étroite de la part de ceux qui voudraient

écarter du champ de l'analyse les phénomènes de xénophobie. Or, la xénophobie est très largement le cache-sexe du racisme ordinaire. Le cas de la Suisse est à cet égard emblématique. Dans son ouvrage : « Bienvenue au paradis ! Enquête sur la vie des Français en Suisse », en dépit de l'empathie qu'elle éprouve pour son pays d'accueil, la journaliste Marie Maurisse évoque avec une certaine crudité la perception négative que les Suisses « de souche » ont des Français, qui appartiennent pourtant au même groupe ethnique qu'eux et qui parlent leur langue [95].

2) historiquement, le phénomène raciste a connu trois phases en France depuis la deuxième guerre mondiale :
- la période de décolonisation, jusqu'à la fin des années soixante, où les indigènes de l'Empire colonial sont passés brutalement du statut de sous-citoyens, en voie d'accession à la civilisation et au progrès, bénéficiant d'une empathie certaine, même teintée de paternalisme, tant qu'ils restaient à leur place, à celui d'ennemis intérieurs en puissance, notamment en ce qui concerne les Algériens ;
- les années soixante-dix, où la crise économique a progressivement modifié le regard des citoyens sur les immigrés, en raison principalement de la montée du chômage, qui marquait le début de la fin des « Trente glorieuses », le début du délitement du sentiment que leur présence était nécessaire, et leur assimilation aisée et inéluctable, ainsi que la fin des illusions sur la croissance illimitée de l'économie et du bien-être [96] ;
- les années quatre-vingts, qui vont voir l'irruption sur la scène politique de la question du racisme. Les formes d'expression racistes vont prospérer, mettant à profit la persistance de la crise économique, les difficultés de l'insertion sociale des travailleurs immigrés, qui se sont accrues du fait du regroupement familial, l'angoisse sociale et identitaire d'une partie croissante de la population et la montée du sentiment d'insécurité dans les grandes villes et dans les zones périurbaines. Elles ne changeront guère au cours des décennies qui vont suivre, au point qu'il faut considérer qu'elles se sont aujourd'hui, sans doute, stabilisées.

---

[95] « Bienvenue au paradis ! Enquête sur la vie des Français en Suisse » - éditions Stock – avril 2016.
[96] En 1972, le Club de Rome, groupe de réflexion composé de scientifiques, d'économistes, de hauts-fonctionnaires et d'industriels de plusieurs pays, produit son rapport « Halte à la croissance ? », qui annonce un effondrement à terme (horizon de 60 ans) du système économique mondial en raison de la diminution des ressources et de la dégradation de l'environnement.

Le niveau atteint, dans certains pays du Nord, par les votes national-populistes [97], fait écho au cri profond d'un peuple que l'évolution du monde terrorise, parce qu'il a le sentiment de son effacement progressif et continu en tant que peuple et que, après l'échec des utopies du XXème siècle, aucune perspective ne lui est offerte, alors que ses racines ont été brutalement arrachées. Par le biais d'accords internationaux technocratiques, la mondialisation économique et politique vide progressivement la notion de souveraineté nationale de son contenu, tout en préservant ses aspects les plus importants, du point de vue formel, pour les démocraties traditionnelles. Or, aucun peuple ne saurait accepter de disparaître. Il est donc à prévoir que le désintérêt des citoyens pour la démocratie et le développement de pouvoirs économiques supranationaux ne suffiront pas à résoudre la contradiction entre globalisation et démocratie locale. Dans une démocratie élective, leurs réactions risquent d'être d'autant plus irrationnelles et dangereuses qu'ils sont pleinement conscients de la détérioration d'ensemble de leur situation, sans qu'aucune voix crédible ne porte, pour en dénoncer les causes et proposer des solutions.

3) la troisième révolution industrielle se déploie sous nos yeux, autour de l'informatique, du numérique et des biotechnologies, à leur stade balbutiant. Comme celles qui l'ont précédée, elle induit une tension entre globalisation et développement local, source d'angoisse pour des pans entiers des populations, exposées à la concurrence internationale, mais cette fois sans l'amortisseur ni de la traite et de l'esclavage, ni du colonialisme. Ces populations se sentent désarmées face à l'évolution d'un monde qui leur semble hors de contrôle, entraînées dans un mouvement qui s'emballe et leur échappe de plus en plus. Le racisme spontané qui en découle traduit chez les autochtones une identification des immigrés venus d'ailleurs à ce monde où leur place n'est plus garantie, participant d'une peur insidieuse du déclassement social [98].

---

[97] Ce qualificatif de « national-populiste » est trompeur, car d'aucuns tendent à l'assimiler à celui de « national-socialiste » de sinistre mémoire. Or, comme on l'a vu plus haut, dans les années trente en Allemagne, les nationaux-socialistes avaient un objectif et un programme politique cohérents, reposant sur une vision transcendante. Ce n'est pas le cas de ceux qu'on appelle aujourd'hui, non sans mépris parfois, les « nationaux-populistes ». Les romans de gare commencent généralement par la formule : « Toute ressemblance avec des personnages réels serait purement fortuite » ; la politique de gare n'a pas cette pudeur.

[98] En France, cette « grande peur » bénéficie d'un terreau fertile, si l'on en croit la Direction de la Recherche, des Études, des Évaluations et des Statistiques (DREES) du ministère des affaires sociales

Les politiques essaient alors de gérer cette immigration qui est nécessaire à l'activité économique, voire pour les pays en état de crise démographique, à l'activité de reproduction. Mais il leur est difficile de se livrer sur ce thème à un exercice de pédagogie à destination des électeurs, car ils risquent de réveiller chez la plupart d'entre eux le fantasme du grand remplacement [99]. Ils font alors de nécessité vertu en évoquant les droits de l'homme ou la générosité vis-à-vis des victimes des guerres, escomptant culpabiliser les plus réticents à l'ouverture des frontières.

Faisant cela, ils sous-estiment l'importance du changement de mode de production, qu'implique la troisième révolution industrielle. Celle-ci mobilise moins de forces productives que les précédentes, mais exige qu'elles soient plus qualifiées. Cela s'explique, pour une part importante, par le fait, relevé par Wolfang Streeck dans l'article précité, que « la peur que les marchés de biens de consommation puissent à un moment être saturés – peut-être à la faveur d'un découplement post-matérialiste des aspirations humaines et de l'achat de marchandises – est endémique parmi les producteurs tributaires du profit ». Cette grande peur de la baisse du taux de profit global, qui est prégnante depuis la fin de la deuxième révolution industrielle, reflète, pour le même Wolfang Streeck, « le fait que, dans les sociétés capitalistes parvenues à maturité, la consommation est de longue date dissociée du besoin matériel. Aujourd'hui, dans les dépenses de consommation, ce n'est pas la valeur d'usage des biens, mais leur valeur symbolique, leur aura ou leur halo, qui se taille la part du lion – et cette part croît rapidement. C'est ce qui explique que les industriels dépensent plus que jamais pour le marketing, pas simplement la publicité, mais aussi le design et l'innovation. » Or, si, confrontés à un déficit démographique séculaire, les pays les plus développés continuent à attirer des ressources humaines des pays moins développés ou exposés à la guerre, ils ne sont pas à même de sélectionner finement les segments de population qui correspondent le mieux à leurs besoins, difficultés

---

et de la santé. En effet, selon une étude publiée en juillet 2016 (Études et résultats – n°969), 46% des Français considéraient en 2014 que leur situation générale était moins bonne que celle de leurs parents au même âge, contre 36% en 2004 ; seuls 29% la jugeaient meilleure, contre 42% en 2004.

[99] Il n'est pas anodin que l'intervention du Pape François sur ce sujet au début du mois de mars 2016 n'ait pas été commentée par les dirigeants politiques des pays développés. Il reprenait explicitement le terme « d'invasion », politiquement incorrect, pour qualifier les mouvements migratoires du Sud vers le Nord, en ajoutant que cette « invasion » serait à terme bénéfique. Le stigmatiser ou, au contraire, l'approuver était probablement trop dangereux pour des dirigeants soumis à la pression de leur opinion publique.

aggravées par les stratégies de contournement des « passeurs », héritiers sans remords des trafiquants d'esclaves de la première révolution industrielle, et les rigidités complexes du regroupement familial. Si l'on tient compte également du fait que les pays les plus développés n'ont plus de colonies, sources préférentielles de bras et d'intelligences, on comprend qu'il leur faille gérer des « armées de réserve », pour reprendre la terminologie marxiste, de plus en plus disparates et hétérogènes. Le communautarisme répond à cette nécessité, mais implique un management politique spécifique, qui s'apparente de facto à une politique raciale, voire racialiste dans certains pays ;

4) L'enfer étant pavé de bonnes intentions, il est sans doute temps de s'interroger sur l'efficacité des mouvements antiracistes, qui stigmatisent le racisme, au nom de principes ou de valeurs supposés universels, sans prendre la peine de le définir, par crainte, sans doute, de devoir circonscrire leur action de façon trop précise.

D'une part, les valeurs universelles ne le sont que par rapport à une période historique donnée. On le voit avec l'accroissement des exigences en la matière. Ainsi, certains considèrent que le mariage des homosexuels en fait partie, au nom de la règle de non-discrimination, alors que le mariage n'est stricto sensu qu'une institution historiquement datée, qui est davantage porteuse de tradition que d'exclusion et est, de surcroît, en voie de régression dans les pays dits avancés. Au nom de la priorité qui doit être donnée à la famille, d'autres, dans plusieurs pays musulmans, estiment que l'égalité entre l'homme et la femme n'a aucun sens, chacun devant rester à sa place, car la vocation de la femme est d'être une mère, ce que l'homme ne peut pas être. D'autres, enfin, prônent l'inclusion du respect de la vie animale, considérant que les processus de nociception [100] de l'homme et de l'animal sont comparables et que, par conséquent, le sentiment de souffrance est autant propre à l'animal qu'à l'homme. La raison inciterait plutôt à adopter le scepticisme en la matière, comme le préconisait l'un des plus grands scientifiques et philosophes israéliens du XXème siècle, Yeshayahou Leibowitz, pour qui le concept de valeur humaine était une pure tautologie [101].

---

[100] La nociception est l'ensemble des phénomènes d'alerte qui permettent l'activation au niveau du système nerveux central d'un processus d'alarme et de défense du fait de la douleur ressentie.
[101] « Science et valeurs » - Yeshayahou Leibowitz – traduction de Gérard Haddad – Desclée de Brouwer, 1997.

D'autre part, Micheline Labelle souligne à juste titre que : « des campagnes de prévention contre le racisme confondent les cibles du racisme et celles de l'ethnocentrisme ou de la xénophobie. Ceci a un impact sur l'efficacité de la lutte contre le racisme et contre les racismes que l'on peut qualifier de spécifiques - anti autochtone, anti afro-descendant, antisémitisme, arabophobie, islamophobie, etc. » [102] . Ce manque de rigueur dans la détermination des objectifs de leur action se double d'une recherche d'un pouvoir d'influence, qui dépasse le cadre strict de la lutte contre le racisme, en s'appuyant sur les groupes qu'ils sont censés défendre comme sur une armée de réserve silencieuse. L'instrumentalisation de l'antiracisme devient alors le principal obstacle à une réflexion rationnelle sur la réalité du racisme moderne, au lieu de prolonger dans le temps historique et dans l'espace sociologique celle que la philosophe Hannah Arendt avait entreprise sur l'antisémitisme. On assiste à l'émergence d'un antiracisme politique, qui se sert de l'impératif catégorique dont il est porteur pour stigmatiser globalement certaines forces politiques, à droite ou à l'extrême-droite généralement, ou parfois à l'extrême-gauche pour ce qui concerne l'antisémitisme. Cette stratégie ne change en rien la ligne de front face aux discriminations sur des bases racistes, et, au contraire, la consolide car elle va de pair avec un refoulement social de la signification et des causes de la persistance de celle-ci. Une journée dans le métro parisien, sur quelque ligne que ce soit, est à cet égard plus instructive que des milliers de pages ou des dizaines de rapports savants. Quand les usagers « blancs » ont le choix de leur place assise, ils s'orientent quasi-systématiquement vers celles qui limitent la proximité avec des usagers « non blancs ». Ce n'est pourtant pas un choix raciste dans la plupart des cas. C'est simplement une volonté de se sentir davantage « chez soi », une recherche de sécurité, un vieux fond tribal qui remonte à la surface, en dépit de toutes les campagnes officielles ou associatives en faveur du fameux « vivre ensemble ».

Cette résilience des comportements et des propos racistes est également observée aux États-Unis, pays qui a pourtant choisi de placer un Noir à sa tête, une première dans les pays développés. Il est apparu au grand jour que la police continuait à y pratiquer

---

[102] Cf étude précitée :« Un lexique du racisme : étude sur les définitions opérationnelles relatives au racisme et aux phénomènes connexes ».

ce qu'il faut bien appeler des exécutions extra-judiciaires, y compris contre des adolescents désarmés ou des enfants, avec la protection des institutions juridiques, quand le scandale n'est pas trop important et ne risque pas de provoquer des émeutes raciales. Tout se passe comme si la transgression qu'a représentée l'élection d'un président noir n'avait rien changé de fondamental dans le tréfonds de l'âme des citoyens de ce pays.

Et si, en France comme aux États-Unis, il y avait autre chose derrière cette persistance d'un racisme ordinaire, qui se retranche de plus en plus derrière un «politiquement correct» de façade ?

Un élément de réponse à cette question découle de plusieurs études, qui concluent à une réduction de la mobilité sociale aux Etats-Unis, comme en France. Dans le cas de la France, par exemple, un article de trois chercheurs du Centre d'Études de l'Emploi (CEE), du CNRS et de l'université de Lille respectivement, Bassem Ben-Halima B., Nathalie Chusseau et Joël Hellier, montre clairement que la mobilité sociale en termes d'éducation a sensiblement diminué en France entre 1993 et 2003 [103] . Contrairement à ce qui est constaté dans les pays nordiques par exemple, la position sociale d'un individu est largement déterminée par ses origines familiales en France, et, de plus, on relève une augmentation tendancielle du poids de celles-ci au cours des dernières années. On peut alors se demander si le racisme ordinaire n'est pas une réaction à un sentiment d'insécurité plus sociale que physique, qui se fixe sur celui qui semble venir d'ailleurs, **non pas parce qu'un mouvement politique ou un groupe d'intellectuels quelconques ont désigné un « bouc émissaire », mais parce que aucun mouvement politique ou aucun groupe d'intellectuels n'a désigné le(s) vrai(s) coupable(s)** ;

5) la variété des situations françaises, nord-américaines et africaines, que nous avons examinées, montre assez le caractère protéiforme du racisme contemporain. Cependant, il apparaît clairement qu'une constante principale se dégage a minima : le racisme, tel qu'on l'entend communément, ne se présente jamais seul. Il est toujours accompagné d'autres phénomènes politiques, sociaux, économiques ou culturels, qui

---

[103] "Skill Premia and Intergenerational Education Mobility : The French Case", dans Economics of Education Review – 2014.

sont à la fois son moteur et son carburant. En ce sens, le racisme est une représentation, la manifestation collective et hystérique, au sens psychiatrique du terme, de sentiments individuels rétifs à l'analyse.

En fait, l'articulation de ces thèses conduit à mettre sérieusement en doute la pertinence de la notion de racisme, quelle que soit la définition qu'on en donne.

Si la raison incite à reconnaître que les races n'ont aucune réalité, sous l'angle de la nature, comme sous celui de la culture, il serait tout de même possible de parler de racisme, en reprenant par exemple le concept de « groupe racisé » forgé par Micheline Labelle (cf supra). Mais cela ne ferait que déplacer le problème, car il faudrait répondre alors à la question : qu'est-ce qui provoque une telle « racisation » ? Il en serait de même si l'on adoptait la définition proposée au début du présent essai, « un comportement conscient visant à l'exclusion de groupes de populations en fonction de leurs caractéristiques particulières » : qu'est-ce qui provoque ce comportement ?

Les réponses habituelles renvoient très généralement à la nature humaine, qui aurait besoin de « boucs émissaires » ou qui aurait peur a priori de l'autre, « qui n'est pas comme nous », de l'étranger, et le rejetterait. Or, jusqu'à présent, aucun gène du racisme n'a été identifié, qui coderait « la recherche du bouc émissaire » ou « la peur et le rejet de celui qui n'est pas comme nous ». De même, les théories psychanalytiques de Freud et de ses épigones n'expliquent ce symptôme particulier qu'à travers les histoires individuelles, qui sont évidemment toujours personnelles. Rien de surprenant à cela : elles ne font que rester dans leur champ, qui exclut en principe le politique et l'économique, même si elles vont tout de même plus loin que le bon sens commun qui veut que les gens heureux n'aient pas d'histoire, en cherchant à réconcilier l'individu avec lui-même, son « moi », conscient, avec son « ça », inconscient.

Par ailleurs, les éthologues sont unanimes à constater qu'il n'existe pas de racisme chez les animaux. Les nombreux cas de traitements discriminatoires au sein des populations animales, en fonction de phénotypes particuliers, sont des effets collatéraux, soit de la loi de la sélection naturelle par la compétition sexuelle, quand il s'agit pour la femelle de s'accoupler avec le mâle semblant en meilleure santé et potentiellement le plus procréateur, soit de la confusion entretenue par la nature entre les mâles et un certain type de femelles (polymorphisme morphologique). Chez la mouche Drosophila Erecta, par exemple, alors que les mâles présentent tous un abdomen noir, celui des femelles est soit noir, soit clair. On conviendra aisément qu'il serait pour le moins injuste de taxer de racisme les mâles, lorsqu'ils font jouer le principe de précaution, en préférant s'accoupler avec des femelles dont l'abdomen est clair ! Une équipe internationale de chercheurs a même montré que cette adaptation sélective permettaient aux femelles à l'abdomen noir d'éviter d'être harcelées sexuellement, dans la mesure où un seul accouplement est suffisant pour que tous leurs œufs soient fécondés [104]. On en déduira d'abord que, dans le règne animal, le mâle est souvent quelque peu balourd, mais surtout que le racisme n'est en aucun cas un fait de nature.

Dans ces conditions, il est peut-être préférable de partir d'une définition de la nature humaine davantage inscrite dans la structure et l'évolution de la société, et par conséquent relative, telle celle d'Aristote, qui fait de l'homme un « animal social », ou celle de Marx, qui affirme que « l'essence humaine c'est l'ensemble de rapports sociaux » (6ème thèse sur Feuerbach). Il en résulte que le racisme, s'il fait partie de la nature humaine, doit être considéré comme essentiellement transitoire et évolutif, étroitement lié à la conjoncture politique et au développement socio-économique des régions et des pays dans lesquels il se manifeste. Il est dès lors envisageable de prendre comme hypothèse heuristique l'énoncé suivant : **le racisme est une forme d'adaptation du corps social à la mondialisation conflictuelle qui accompagne chaque changement économique et politique trop rapide, comme une révolution industrielle ou l'affirmation de la supériorité militaire d'une tribu, d'un peuple ou d'une nation ; il se caractérise par des comportements ou des propos visant à dévaloriser et à exclure des groupes de populations en fonction de leurs caractéristiques particulières.** Il convient de voir dans cet énoncé la description d'un processus social et non une définition figée d'un concept intemporel ou

---

[104] Cf l'article : « Ancient balancing selection at tan underlies female colour dimorphism in Drosophila erecta », par Amir Yassin, Héloïse Bastide, Henry Chung, Michel Veuille, Jean R. David et John E. Pool, publié dans Nature Communications le 18 janvier 2016.

transcendant. Le racisme n'a pas d'essence ; c'est une intériorisation individuelle et collective d'un changement de paradigme économique et social. C'est un « même », c'est-à-dire un élément culturel transmis par imitation d'un individu à un autre, si l'on détourne hors du champ de la biologie le concept forgé par Richard Dawkins en 1976 dans « Le gène égoïste ». D'ailleurs, hormis dans un contexte de pogrom, de génocide ou de nettoyage ethnique, ses effets directs sur les individus qu'il vise sont bien en-deçà de ses effets indirects. Les insultes, les humiliations, les discriminations subies sont même parfois un aiguillon pour ceux qui en sont victimes, en les incitant à se surpasser. Les vrais dégâts du racisme se font sentir alors de façon indirecte, quand le racisme pénètre au plus profond du sujet et se transforme en haine de soi. En 1952, dans « Peau noire, masques blancs », Frantz Fanon dénonce cette intériorisation du racisme par le Noir, en se livrant à cette réflexion toujours actuelle : « La conscience morale implique une sorte de scission, une rupture de la conscience, avec une partie claire qui s'oppose à la partie sombre. Pour qu'il y ait morale, il faut que disparaisse de la conscience le noir, l'obscur, le nègre. Donc, un nègre à tout instant combat son image. » [105]. Le racisme est ainsi une double réaction : celle du raciste contre une mondialisation qui lui est imposée ; celle du « racisé » contre l'image de lui-même que lui renvoie le raciste. Cette relation dialectique raciste/ « racisé » entretient ce feu intérieur de l'humanité, tellement étrange et tellement naturel que celle-ci ne lui a donné un nom que fort tard, ce feu qui la consume et qui l'aide à résister, dans la mesure où toute réaction est l'amorce d'une résistance, quel que soit le jugement moral qu'on peut porter sur elle. Si l'on voulait donner un nom à ce processus, qui soit plus adapté à sa nature, il faudrait en créer un, l'appeler par exemple « phénomème », par association de la racine grecque « phainô », qui renvoie au paraître et qu'on retrouve dans phénotype, et du néologisme « même », cher à Richard Dawkins. Le concept de « phénomème » renvoie utilement à la pensée spinoziste, en ce sens qu'il met en avant le caractère non-éthique du racisme (la problématique morale étant, on l'a vu, hors sujet), qui aboutit à ce que les hommes essaient d'imiter d'autres hommes au détriment de la raison (IIIème partie de « l'Éthique » - ouvrage précité). Le racisme n'est de facto

---

[105] Du coup, le combat antiraciste devient parfois extraordinairement confus. Comme lorsque, en février 2012, en France, le ministre de l'intérieur déclara que toutes les civilisations ne se valaient pas. Alors qu'il critiquait principalement la place réservée aux femmes dans les pays de tradition islamique, il s'attira une réaction virulente du président-député de la région Martinique, à la tribune de l'Assemblée nationale, qui lui opposa « les idéologies européennes qui [avaient] donné naissance aux camps de concentration au bout du long chapelet esclavagiste et colonial. ».

rien de plus qu'un ressenti, qui se transmet par imitation sans qu'il soit besoin d'une ébauche de réflexion sur sa réalité, que ce soit du côté du raciste ou du « racisé » [106] . Et c'est précisément parce qu'il n'a aucune réalité autre que phénoménologique, qu'il est aussi facile de le théoriser de façon pseudo-scientifique, comme l'on fait les Nazis, en Allemagne, ou les Afrikaners, en Afrique du Sud, à partir des travaux de Gobineau entre autres, ou de l'exploiter à des fins politiques pour discréditer son opposition, que ce soit le sénateur Wallace aux États-Unis, dans les années soixante, sur la base d'un racisme affiché, ou, aujourd'hui, la plupart des partis dits de gouvernement en Europe, sur la base d'un antiracisme véhément, face à la montée des partis dits populistes [107]. Au demeurant, cet antiracisme met en exergue la richesse économique et, à un moindre degré, culturelle qu'apportent les immigrés aux pays qui les accueillent. Au-delà des débats délicats sur le bilan coût-avantage économique de l'immigration, dans le contexte d'une troisième révolution industrielle peu créatrice d'emplois nets, il est permis au moins de s'interroger sur l'acceptabilité morale d'une telle vision utilitariste de l'immigration. Elle rappelle fort le principe de la traite, mis en place au moment de la première révolution industrielle, même si les « travailleurs importés » le sont sur une base volontaire, compte tenu des conditions difficiles qu'ils ont connues dans leur pays d'origine. Il s'agit toujours d'alimenter en ressources humaines les pays les plus développés pour qu'ils poursuivent leur croissance économique ; la gestion des migrations, c'est un succédané de l'esclavage, adouci par les divertissements de masse et la prostitution. Il est curieux que ce système, tout à fait logique sur le plan économique et géopolitique, soit marqué par certains du sceau de la générosité et de la défense des droits de l'homme, alors que, comme on l'a vu plus haut, il ne sera viable, dans le

---

[106] Au début de l'année 2016, Microsoft a dû mettre en sommeil son programme d'intelligence artificielle, Chatbot Tay, destiné à entretenir des conversations avec les internautes, car les propos qui en découlaient se calquaient progressivement sur ceux des interlocuteurs les plus racistes. Microsoft y a vu un défaut du programme ; on pourrait tout aussi bien y voir le succès de celui-ci, devenu réellement humain, trop humain...

[107] La trajectoire du sénateur Wallace est de ce point de vue édifiante. Progressiste libéral du parti démocrate, lorsqu'il est élu à la chambre des représentants de l'Alabama en 1946, il se présente aux primaires démocrates de 1964 sur un programme ultra-ségrégationniste, avant de devenir chrétien « born again » à la fin des années soixante-dix, de se repentir publiquement de ses années racistes, et d'appliquer une ardente politique antiségrégationniste au cours de son dernier mandat de gouverneur dans les années quatre-vingts. L'homme politique français Edgar Faure, qu'on accusait de changer souvent d'opinions politiques, disait que « ce n'est pas la girouette qui tourne, mais le vent ». Ne doutons pas davantage de la sincérité du gouverneur Wallace. Il était tout autant convaincu, lorsqu'il s'est appuyé sur le racisme dominant, au cours des années soixante, que lorsqu'il s'est rallié à l'antiracisme culturellement hégémonique, à la fin des années soixante-dix.

cadre de la troisième révolution industrielle, que s'il est accompagné, dans le pays d'accueil, d'une politique raciale, baptisée plus sobrement sous le nom de gestion des communautés.

Tout compte fait, si l'on s'efforce d'aller plus loin, en s'abstrayant des arrière-pensées politiques, ainsi que du facteur religieux ou émotionnel, le racisme stricto sensu n'existe pas, sinon en tant que reflet déformé d'une internationalisation imposée aux populations, porteuse en elle-même de l'idée de supériorité d'un pays, d'une culture, d'un peuple sur d'autres. Le racisme n'est pas un phénomène « en soi ». C'est un processus social, qui dérive des mutations du mode de production, sous une forme adaptée à chacun des épisodes de la grande aventure socioéconomique, des bouleversements géopolitiques qui les accompagnent ou qui les favorisent, et de la confrontation des cultures et des démographies. La violence, le mépris et haine qu'il attise sont les sous-produits de la peur et de l'angoisse qu'engendrent les mouvements du monde quand les peuples n'ont le sentiment ni de les maîtriser, ni de les comprendre. Le viol de Cassandre est toujours une marque de faiblesse, le crime de ceux qui jouissent de l'ivresse d'un instant sauvage où ils sont les plus forts, pour oublier la tragique incertitude du jour d'après.

Mais qu'en est-il de l'antiracisme ?

La réponse ne va pas de soi. On a vu que l'absence de réalité du concept de race n'entraînait pas automatiquement celle du concept de racisme. Il a fallu pour démonter ce dernier concept passer par toute une série de rappels historiques et d'analyses économiques et sociopolitiques, qui, d'ailleurs, mériteraient encore d'être approfondies. De même, la vacuité du concept de racisme n'implique pas nécessairement qu'une politique antiraciste soit totalement inutile. En médecine, parfois, il est utile recourir à des placebos pour traiter des symptômes psychosomatiques.

Sur la base des rapports de 2014 et 2015 de la CNCDH, il a été relevé le double phénomène de prise de conscience du caractère « immoral » du racisme et de persistance, voire de progression des sentiments racistes. On en a conclu que le combat contre le racisme au nom des valeurs universelles semblait bien avoir atteint ses limites. Cela ne saurait étonner. Tous les sociologues et les politiques, y compris ceux qui étaient les plus volontaristes en la matière, dressent le constat de l'échec des politiques d'intégration en Europe et aux États-Unis. Le cas de la France est naturellement encore plus décevant, car elle a dû renoncer à son mode particulier d'intégration qu'était l'assimilation et évolue insensiblement vers cet objectif moins ambitieux qu'est l'inclusion, sous couvert d'acceptation des différences. Le renfermement des communautés sur elles-mêmes a pour contrepartie un affaiblissement du lien social, qui, s'il n'entraîne pas mécaniquement de l'antipathie pour l'autre, nuit à toute forme d'empathie, constituant un terreau potentiel pour les préjugés raciaux entre autochtones et populations allogènes, d'une part, et entre communautés d'autre part. Les mouvements antiracistes risquent fort de devoir redéployer leur action vers la gestion des relations entre communautés juxtaposées, à l'image des responsables religieux aux États-Unis, bien loin de leurs idéaux de « nation arc-en-ciel », pour reprendre le nom donné au rêve de Nelson Mandela. Ou alors, au-delà de quelques actions ponctuelles, utiles certes, mais pas davantage que la « pièce jaune » que le passant plein de compassion glisse dans la main du nécessiteux, leur efficacité sera comparable à celle des sorciers indiens d'Amérique du Nord, qui dansaient autour du totem tribal dans l'espoir de faire tomber la pluie.

Car, si l'on admet que, comme c'était le cas, dans le passé, pour celles qui l'ont précédée, l'approfondissement de la troisième révolution industrielle appelle la recherche d'un consensus qui justifie culturellement la domination d'une partie du monde sur une autre, l'antiracisme ne relève pas simplement de l'humanitaire ou de la défense des droits universels de l'homme. On l'a vu précédemment, mais il faut encore insister sur ce point : **Comme ce qu'on appelait du racisme, au XXème siècle, en Europe et dans beaucoup de pays sur les cinq continents habités, ce qu'on appelle de l'antiracisme, au XXIème siècle, c'est avant tout de la politique.**

Confrontés aux soubresauts du monde, auxquels ils contribuent par leur politique expansionniste sur les plans idéologique, économique et financier, les États développés canalisent les flots migratoires pour essayer tout à la fois de s'adapter à la faiblesse de la croissance induite par la troisième révolution industrielle et de répondre à une concurrence internationale accrue dans un monde définitivement clos. Le rapport des forces international et interne à chaque pays n'autorise plus la constitution de réserves de main-d'œuvre en marge de la population autochtone. A contrario, le cycle des contradictions, qui a été évoqué plus haut (externalisation des contradictions entre nations hégémoniques vers les nations dominées, puis réexportation de celles-ci sous des formes propres, par le canal des migrations de masse), rend définitivement obsolète tout projet de retour à l'ancien mode de gestion des mouvements de populations, lequel, en France et dans la plupart des pays occidentaux, reposait essentiellement sur l'intégration. Le caractère multifactoriel, multinational, multiculturel et multi-religieux de l'immigration en cours, sur une période historiquement trop courte, rend désormais illusoire de toute forme d'intégration. Aussi, le choix de l'implantation de poches communautaires s'est-il peu à peu imposé, en fonction de la proximité des centres urbains, des options clientélistes locales et du prix du foncier. L'État a laissé aux associations le soin de gérer le « vivre ensemble », pour atténuer les frictions sociales, religieuses et ethniques entre groupes de population, ainsi que pour éviter que les populations autochtones ne se sentent réduites au statut de simple communauté et ne réagissent violemment à ce déclassement. L'école qui, en France, était jadis implicitement en charge de la fonction intégratrice s'est repliée sur le noyau de sa mission éducative : assurer les enseignements de base. Certes, pour les populations non intégrées dans les réseaux institutionnels et les réseaux de pouvoir existant, le communautarisme se présente comme un moyen d'association et d'entraide visant à pallier leur exclusion de ceux-ci, mais son efficacité à cet égard reste à démontrer. Les lobbies des Marocains, des Algériens, des Tunisiens, des Maliens, voire des Musulmans en dépit de leur nombre, ne pèsent pour l'instant qu'un poids insignifiant dans les fonctions qui comptent dans un État et une économie modernes. En outre, comme dans le cas du « réseautage », il est à craindre leurs effets néfastes sur l'économie à terme, au cas, plutôt improbable, où ils prospèreraient [108].

En rejetant le racisme dans l'enfer de la métaphysique, à la suite de l'échec de toutes les tentatives de lui donner une réalité scientifique, quelle qu'elle soit, on ouvre la voie à un dépassement de la politique antiraciste traditionnelle. La définition, qui

---

[108] Sur les aspects pervers du "réseautage", cf par exemple l'étude de F. Kramarz et D. Thesmar: "Social networks in the boardroom", - Journal of the European Economic Association, juillet 2013.

avait été posée au chapitre I ci-dessus et qui caractérisait l'antiracisme comme un comportement conscient visant l'inclusion de groupes de populations en fonction de leurs caractéristiques particulières, doit être exploitée dans toutes ses potentialités. Il est maintenant possible d'envisager de répondre à la question qu'on posait précédemment : les responsables politiques, à quelque parti qu'ils appartiennent, doivent-ils continuer à promouvoir l'antiracisme comme une action culturelle, voire humanitaire, qui vient se greffer incidemment sur les autres politiques publiques, ou, compte tenu de la juxtaposition actuelle des communautés et de la mondialisation croissante, faut-il qu'ils en fassent un axe politique en soi, quitte à le sublimer sous la forme la plus adéquate ?

Un antiracisme sans races et sans racisme ne se conçoit que si son objet n'est plus la lutte contre les racistes, en tant qu'individus, mais contre un processus social. Avec la fin de la traite transatlantique, avec la mise au jour de la shoah après l'écrasement du nazisme, avec la fin de la ségrégation raciale aux États-Unis et de l'apartheid en Afrique du Sud, les théories racistes se sont effondrées comme un gigantesque trou noir, dont, longtemps après, on ne ressent plus que les ondes qu'il a émises dans l'espace. Incidemment, à la fin de la deuxième guerre mondiale, l'enjeu n'était pas pour les alliés de lutter contre l'extermination des Juifs, dont il est reconnu par les historiens qu'ils étaient relativement bien informés, mais de détruire le système qui l'avait rendue possible [109]. L'enjeu, en ce XXIème, n'est pas de faire taire ou d'emprisonner ceux qui croient encore à ces théories balayées par l'histoire, mais de remettre en cause le processus social qui leur permet de subsister dans les esprits, même de façon inconsciente, même à l'état de traces. **Clairement, ce qui est en jeu, c'est la maîtrise de la mondialisation conflictuelle en cours, liée au développement contradictoire de la troisième révolution industrielle.**

Pour prendre le cas de la France, quelle que soit l'option retenue par les gouvernants ou ceux qui aspirent à l'être, la politique antiraciste, ou celle qui ambitionne de l'être, devra être mise en œuvre avec suffisamment de doigté politique, pour éviter qu'elle

---

[109] Par contre, il est difficile de comprendre pourquoi les responsables nazis ont accéléré la shoah, au moment même où ils devaient combattre les alliés sur deux fronts, s'exposant ainsi à une déperdition de leur effort de guerre, si l'on n'admet pas que la politique raciale national-socialiste était sous-tendue par une volonté de soumission jusqu'à l'extrême des ressources humaines internationales aux exigences de la deuxième révolution industrielle (cf supra).

ne devienne un enjeu électoral trop important. S'ils veulent agir avec efficacité, il conviendra en effet qu'ils sachent se tenir à l'objectif concret recherché : **faire en sorte que la France profite pleinement de la diversité d'origine et de religions des populations qui la composent, en mettant fin aux discriminations, largement structurelles, qui empêchent de valoriser celles-ci.** La question ne pourra pas être totalement absente du débat électoral puisqu'elle est avant tout d'une question politique. Cependant, il doit y être répondu non sur un plan moral, ce qui reviendrait à chercher à opposer les « bons » et les « méchants », mais sur un plan global, c'est-à-dire en précisant, d'une part, qu'il s'agit de mener une politique publique, non séparée des autres politiques publiques, et, d'autre part, que celle-ci concerne à la fois la population dite « blanche et de souche » et à la fois toutes les autres. Il importe aussi de ne pas négliger l'importance du facteur temps. « Il n'est de situation si compliquée qu'une absence de décision ne puisse résoudre » disait Lao Tseu. Si l'attentisme a souvent été de bonne politique depuis l'antiquité jusqu'à une époque récente, c'est un luxe que les gouvernements ne peuvent s'offrir aujourd'hui, compte tenu de la vitesse de circulation de l'information et de transmission aux sociétés des conséquences des événements externes dans un monde interconnecté. Si la France continue à repousser le problème que lui posent l'échec de sa politique d'intégration et l'abandon implicite de sa tradition d'assimilation, elle court le risque soit d'être submergée par les conflits locaux ou nationaux qu'elle n'aura pas su régler à froid, soit de voir sa politique de gestion des communautés lui être imposée de l'extérieur. À titre d'illustration, on citera un extrait du rapport de l'ECRI (commission européenne contre le racisme et l'intolérance), consacré à la France et publié en mars 2016 : « Dans un contexte où la position officielle s'oppose à la collecte et au traitement de données ethno-raciales relatives à l'égalité, mais où ce sujet fait l'objet d'un débat public intense et où, sous certaines conditions, de telles données peuvent néanmoins être collectées et traitées, l'ECRI s'inquiète que la question n'ait toujours pas été tranchée. Elle estime que l'absence de décision en cette matière mène à une exploitation politicienne menant forcément à la stigmatisation des groupes vulnérables, ainsi qu'en atteste un cas récent datant de mai 2015 et dans lequel le maire de Béziers a été impliqué dans une affaire de décompte d'enfants supposés musulmans dans les écoles de cette municipalité. [...] L'ECRI recommande aux autorités françaises de prendre action afin de déterminer les contours d'une politique globale de collectes de données ethno-raciales relatives à l'égalité et de proposer des dispositions législatives à cet égard ». La pression externe sur la politique migratoire française risque de s'accentuer du fait de l'absence de conceptualisation de celle-ci et des hésitations, voire des contradictions dans sa mise en œuvre. Les discours ne couvrent qu'un temps la pâle nudité d'une volonté politique défaillante.

La France se trouve confrontée à une sorte de « pari de Pascal » inversé. Soit elle poursuit sa stratégie d'adaptation au phénomène raciste, pluriel et polymorphe, au cas par cas, au coup par coup, soit elle adopte une politique globale, c'est-à-dire économique, sociale et politique, visant à exploiter les potentialités des communautés qui la composent aujourd'hui, en ignorant délibérément, comme non pertinente, la question du racisme. Si le racisme a le moindre contenu conceptuel, elle ne perdra rien à choisir la seconde option, puisque l'inefficacité de la première est de toute façon avérée ; si le racisme n'est qu'une notion métaphysique, elle gagnera « l'éternité » qu'est, en politique, l'invitation à un voyage vers l'horizon, l'offre d'une perspective de rassemblement des âmes, des cœurs, des énergies et des intelligences autour d'un objectif commun.

Frantz Fanon, quand il affirmait : « Le nègre n'est pas. Pas plus que le Blanc. » [110] , rejoignait Chateaubriand, qui observait, un siècle plus tôt : « Le petit Anglais, le petit Allemand, le petit Italien, le petit Espagnol, le petit Iroquois, le petit Bédouin roulent le cerceau et lancent la balle. Frères d'une grande famille, les enfants ne perdent leurs traits de ressemblance qu'en perdant l'innocence, la même partout. Alors les passions modifiées par les climats, les gouvernements et les moeurs font les nations diverses; le genre humain cesse de s'entendre et de parler le même langage: c'est la société qui est la véritable tour de Babel. » [111]. Entre ces deux connaisseurs de l'âme humaine, aussi éloignés temporellement qu'idéologiquement, entre le fier descendant d'une longue lignée d'aristocrates de Bretagne et l'héritier insoumis de nègres-marrons indomptables de Martinique, se sont intercalées la traite et l'esclavage des Noirs, la shoah et l'apartheid, comme si le constat de l'inanité du racisme était vain face aux politiques raciales, filles des nécessités économiques et de la recherche de la puissance.

---

[110] Cf ouvrage précité.
[111] François-René de Chateaubriand : « Mémoires d'outre-tombe » - Éditions Gallimard- 1951.

Et en effet, ce constat est inutile s'il n'est pas le support d'un projet de dépassement des bons sentiments antiracistes, fondamentalement essentialisant et infantilisant. Il s'agit maintenant de donner corps à l'intuition du même Frantz Fanon, écrivain inspiré et médecin-psychiatre clairvoyant, quand il écrivait : « Il y a de part et d'autre du monde des hommes qui cherchent. Je ne suis pas prisonnier de l'Histoire. Je ne dois pas y chercher le sens de ma destinée. Je dois me rappeler à tout instant que le véritable saut consiste à introduire l'invention dans l'existence. Dans le monde où je m'achemine, je me crée interminablement. » [112]. Les peuples qui vivent sont ceux qui se battent ; hors de l'incertaine conquête guerrière, le chemin n'est pas tracé à l'avance. La condition sine qua non pour qu'ils réussissent à avancer sans se perdre est l'émergence, dans leur âme collective, d'un projet d'avenir qui fasse sens pour eux, qui leur apporte l'élan vital qui les aidera à dépasser les nécessités sordides du quotidien. Sans un tel projet, focalisé vers la recherche obstinée de la convergence des intérêts des nations, des peuples, des communautés et des individus, l'humanité sera incapable d'échapper à la pesanteur tragique de l'histoire.

De leur côté, les membres des communautés ne doivent pas se renfermer dans un ressenti du racisme, qui les isole et les détruit en tant qu'éléments d'un corps social plus large. Ils doivent s'impliquer dans une politique nationale communautaire, reposant sur la recherche de l'intérêt général, qui est l'exact contraire d'une politique communautariste, fondée sur l'arbitrage entre groupes ethniques et religieux. Sans renier leur appartenance d'origine, ils peuvent s'ouvrir un espace culturel, politique et économique sur leur environnement national, qui est un intermédiaire nécessaire et incontournable entre eux et le monde qui les entoure. Toute autre prétention communautariste est dangereusement vouée à l'échec, car elle ferait fi du mouvement de ce monde, qui se joue des frontières et transforme rapidement les failles sociales en fractures politiques [113]. La politique n'a jamais que deux

---

[112] Cf ouvrage précité.
[113] Il faut reconnaître une certaine clairvoyance aux membres de la communauté juive, dont le peintre Édouard Moyse, qui, à la fin du XIXème siècle, sous l'impulsion du grand rabbin du consistoire de Paris, Zadoc Khan, ont tenté de développer un « judaïsme à la française », qu'ils ont désigné sous le nom « d'israélitisme ». Trop isolés, ils n'ont pas réussi à éviter la mutation létale de l'antijudaïsme obsolète en un antisémitisme moderne, après le succès du livre d'Édouard Drumont : « La France juive ».

objectifs : soit faire la guerre ; soit organiser la vie commune en temps de paix. Quand on cherche à la contourner, en privilégiant par exemple la vie des communautés par rapport à la vie en communauté, elle finit, un jour ou l'autre, par se venger.

Dans son discours à la Convention, le 13 ventôse de l'An II (3 mars 1794), le révolutionnaire Saint-Just clamait que le bonheur était une idée neuve en Europe. Qui oserait affirmer le contraire, encore aujourd'hui ? Le bonheur est toujours une idée neuve en Europe et, au-delà, dans le monde. Plutôt que limiter frileusement leur combat aux symptômes du mal social, c'est cette idée que les antiracistes doivent remettre au jour ; plutôt que restreindre leur action au carré consensuel de l'arène médiatique, c'est de ce projet qu'ils doivent être porteurs, partant du principe que le racisme n'est qu'une des multiples faces du malheur de l'homme. **Il n'y a pas de racisme heureux.**

Ici, le sens commun rejoint sans peine, pour une fois, la pensée de Spinoza, qui opposait la « Joie », caractérisée par le passage à une perfection plus grande, à la « Tristesse », qui se traduit, ainsi qu'on l'a vu, par le passage à une perfection moindre. Spinoza démontre implicitement que les gens libres ne sont pas racistes ; le sens commun surenchérit : les gens heureux ne sont pas racistes.

www.ingramcontent.com/pod-product-compliance
Lightning Source LLC
Chambersburg PA
CBHW060641290526
45793CB00001B/340